Undocumented Love

❧

Amor Indocumentado

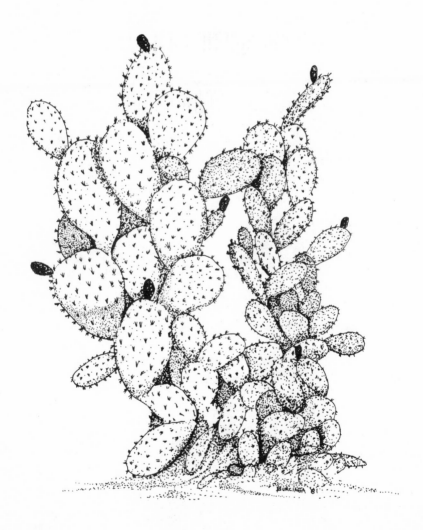

Acknowledgments

© Copyright 1992
   by José Antonio Burciaga

ISBN: 0-9624536-3-3

Library of Congress
Catalog Card Number: 91-76899

Publisher
   Charley Trujillo, Chusma House Publications

Graphic Design and Typography
   Hiram Duran Alvarez

Cover Art: Undocumented Love
   José Antonio Burciaga

(*Acknowledgments continue in notes*)

CHUSMA HOUSE ™

Chusma House Publications
P.O. Box 467
San Jose, CA 95103-0467, (408)947-0958

Undocumented Love
❧
Amor Indocumentado
A Personal Anthology of Poetry

The art that I produce is a reflection of the sentiments I capture from what blows in the winds of these times. The process of producing a work of art is of most importance for an artist. The painting, the poem, the story, the sculpture is nothing more than the product of a creative process — like making love to life. And that creation, that work of art, documents the cry, the laugh, the love, so that we can relive the process, that sentiment, that inspiration, that floated invisibly through the artist's mind.

El arte que yo produzco es un reflejo de mis sentimientos al captar lo que vuela con el viento de estos tiempos. El proceso de producir una obra de arte es lo más importante para un artista. El cuadro, el poema, el cuento, la escultura no es más que el producto de un proceso creativo — como hacerle el amor a la vida. Y esa criatura, esa obra de arte, documenta aquel llanto, aquella risa, aquel amor y podremos revivir aquel proceso, aquel sentimiento, aquella inspiración, que voló invisiblemente por el pensamiento del artista.

Appreciation

Mis más sinceras gracias to Cecilia Preciado Burciaga, Jorge Argueta, Daniel Fogel, Beatriz Hernandez Johnston, Lilia Marín, Ed Piou, Daniel Ramírez, Nancy Weden, Janet Wright, Bernice Zamora and Hiram Duran Alvarez.

Publications that first hosted many of these poems are acknowledged in the Notes.

Drawings/Dibujos

Nopal, '81 II
Palo Pinto, Texas, Feb, '70 XVI
José Cruz Burciaga, Sep, '75 XVIII
Del mero cora, circa, '80 19
El Salvador, circa '82 21
Monjas, '80 29
Califas Dreams, '81 31
Untitled sketch, '81 33
Tres calaveras de Aztlán, '77 38
Untitled sketch, circa '85 68
Untitled sketch, '85 69
Por la sierra morena . . . , '84 76
General Alexander Haig, '81 83
Drink Cultura Refrescante, '74 94
Cholo, pasteup, '80 111
Bato loco, '80 113
Virginia backroad, '74 114
Paz Raza, '73 117
Untitled sketch, '81 121
Untitled, circa '85 123
Maguey, '81 124
Untitled, circa '78 125
Turkey cartoon, '75 127
Untitled sketch, '85 131
Zipatone Woman, '80 133
Tres Batos Locos, lino cut, '76 135
Pachuco, '84 137
Reduced detail of autobiograpical portrait, '81 ...142
Nopal, '81 171
Parenthetical paste up face, '78 174

Contents/Indice

I '81 to '91

Cobalt Blue 2
Azul de cobalto 3
Breaching Fifty..4
Brechando cincuenta 5
Mexico, Beloved and Surreal..6
México querido y surreal 7
Bilingual Love Poem 8
Poema de amor bilingüe 9
Stammered Dreams 10
Sueños tartamudos 11
The Freeway Not Taken..12
La autopista no tomada 14
After Aztlán..16
Después de Aztlán 17
Lo del corazón 18
Through Time and Space 22
Por el tiempo y el espacio 23
¿Qué Pasó?..24
¿Qué Pasó? 26
Sister María de la Natividad Burciaga Zapata......................28
Sor María de la Natividad Burciaga Zapata 29
Modismos 30
Poem Number Seven..34
Poema número siete 35
Poem Number Eight 36
Poema número ocho 37
Poem in Three Languages and Caló......................................39, 40
Poema en tres idiomas y caló 41
To Mexico With Love..42

Para México con cariño 43
Everything fits in a sack, if you know how to pack 44
Todo cabe en un costal, sabiéndolo acomodar 45
Redwood City..46
Madera roja..48
Saint Valentine 1978..50
San Valentín 1978 51
Emilia 52
Emilia 53
El Juan from Sanjo 54
El Juan de Sanjo 55
Río Grande 56
Río Grande 58
Without Apologies 60
Sin disculpas...62
Dear Max...64
Estimado Max...66
Letter to Yvonne 70
Carta a Yvonne 71
Letter to Gato and Margie 72
Carta al Gato y a la Margie 73
Footnote a Juan Felipe 74
Anotación a Juan Felipe 75

II In Time of War

Letter to the General 78
Carta al general...80
Response from the General 82
Respuesta del general...82
El Salvador War News 84
Noticiero de guerra de El Salvador..85
Huitzilopochtli 86
Huitzilopochtli..87
Generic Poem for U.S. Invasions...88
Poema genérico para invasiones estadounidenses...........................89

4 February 1991 90

4 de Febrero de 1991 91

Litany for Peace 92

Letanía por la paz 93

III Drink Cultura Refrescante 1981

Skool Daze 96

Recuerdos del mareo escolar 98

There's a Vulture 100

Hay un buitre 102

Green Nightmares 104

Pesadillas verdes 106

Litany for the Tomato 108

Letanía al tomate 109

El credo de Aztlán 110

IV Restless Serpents 1976

Letanía en caló 116

Bullfighter 118

Un Torero 119

In Commemoration of the USA Bicentennial 120

Berta Crocker's Bicentennial Recipe 125

Gobble, Gobble 126

Gaba, gaba 126

Soul Spirits 128

Animas 129

It's the Same Guy 130

Pachuco 134

The Truth 138

La verdad 140

Notes/*Notas* 143

Biographical Notes/*Notas Biográficas* 172, 173

Undocumented Love

Introduction

This personal anthology of poetry dating back to 1974 is a collection of verses, poetic letters, emotions, and what some have called anti-poetry.

It has been compiled and published for many reasons. Some of these poems have been published but are no longer available. This is a poetry that has had more impact with the community than with academics, with activists rather than art purists, with linguist scholars rather than with literature critics.

Art has a way of being homeless and vagrant until it is documented and presented formally, on stage, in a frame, in a book.

Though Burciaga's poetry has been widely published and recited, it has never been recognized or dealt with. This is perhaps because it lacked the "finesse" and subtlety of standard school poetry. It is oftentimes bilingual, in caló, the Chicano dialect, embarrassing or uncomfortable to some. This is poetry from the oral tradition and comes from the people, el pueblo, la chusma, not academia. Our communities are largely ignored by academic critics and scholars, by traditional publishing houses and even by small presses. With the success of Chicano arts and letters in mainstream popular culture, many Chicano artists and writers have disengaged from the working class. It is the purpose of Chusma Publishing House to maintain those earlier ties with our communities.

Notes on these poems are included because of a strong belief in the creative process when most people enjoy the finished product as in a store or museum. These notes will give the reader a history of the process, influences, inspirations, and more relevance.

This poetry is innately Chicano, rich in two cultures, two

languages, two rhythms and many colors. There may be an element of style some call rascuachi, an unrefined work of art. This rascuachismo is a Chicano element of style but very different from being cuachalote, which is a careless and disheveled attitude. It is Chicano poetry without excuses or romanticism, a more real and raw reflection. Oral tradition poetry has more life than that on a mute page. Furthermore, Burciaga has presented his poetry in a form of performance art or standup comedy since 1975, dressed as a priest, a drunk, a cook or a mad poet.

Social conscience poetry has no real acceptance in this country because it goes against the established norms and aesthetics of the ruling class. Nonetheless, Burciaga's poetry has been well accepted by non-traditional poetry audiences. Of memorable note was an overwhelming response from 800 people at a 1976 National Chicano Convention in Salt Lake City, after reading "In Commemoration of the USA Bicentennial" and "Letanía en Caló" with El Teatro de la Gente de San José, California.

José Antonio's poetry is an expression of undocumented love for the land and the people, not the government, its policies and history. His poetry is didactic, with a sense of purpose, at times only understood by Chicanos and Mexicanos who know caló, the Chicano dialect.

The translation are his. Some poems were originally written in Spanish, others in English and still others bilingually with caló. That translations are difficult is an understatement, especially when translating from caló to English. Because caló is at times far removed from Spanish, it is impossible to literally translate through Spanish and give the true meaning and spirit of caló. For example, carnal in Peninsular Spanish means distant brother, but in caló it means dear friend or brother. The meaning is further removed in caló by calling a

carnal a carnaval, which translates to carnival.

Sometimes, as in the word carnaval, the translations are literal and a whole other poem is born, yet maintaining the Chicano spirit of irony in English. There are other times when the translations are more difficult and not as fluid, but hopefully they can serve an interpretive purpose.

— Chusma House Editorial Staff

Introducción

Esta antología personal de poesía desde 1974 viene siendo una colección de versos, cartas poética, emociones y lo que unos han llamado antipoesía.

Se ha compilado y publicado por muchas razones. Algunos poemas se han publicado pero ya no se pueden conseguir. Esta es una poesía que ha tenido más impacto con la comunidad que con los académicos, con activistas más que con puristas del arte, con catedráticos de lingüística más que con críticos de literatura.

El arte parece no tener hogar y procura vagear hasta que es presentado formalmente en un foro, cuadro o libro.

Aunque la poesía de Burciaga se ha publicado y recitado, jamás se ha reconocido. Esto será por carecer de la "finesa" y sutilidad de standards de la escuela de poesía. Muchas veces su poesía es bilingüe, en caló, el dialecto chicano, o es incomodo para algunos. Esta es poesía de la tradición oral y viene del pueblo, la chusma, no la academia. Por la mayor parte, nuestras comunidades han sido ignoradas por críticos académicos, catedráticos y editoriales tradicionales y pequeñas. Con el éxito de las arte y letras chicanas, muchos artistas chicanos se han separado de la clase trabajadora. Es el propósito de Chusma Publishing House de mantener esas relaciones con nuestras comunidades.

Cada poema lleva notas atrás, por tener una fuerte creencia en el proceso creativo cuando la mayoría de la gente solo conoce la obra terminada como en una tienda o museo. Estas notas le darán al lector una historia del proceso, influencias, inspiraciones y más relevancia.

Innatamente, esta poesía es chicana, rica en dos culturas, dos idiomas, dos rítmos y con mucho color. En esta poesía puede haber un elemento que unos llaman "rascuachi", arte

no refinada. Este rascuachismo puede ser un elemento de estilo chicano pero que al mismo tiempo no es "cuachalote", descuidado y desarreglado. Esta es poesía chicana sin excusas o romanticismo, un verdadero y fresco reflejo. La poesía de tradición oral tiene más vida que la que se encuentra en una página muda.

Además, Burciaga ha presentado su poesía como performance art o comedia vestido de cura, borracho, cocinero o un poeta loco.

Poesía de consciencia social no ha tenido mucha aceptacíon en en este país por ir contra las normas y esteticas establecidas por la clase dominante. Sin embargo, la poesía de Burciaga ha sido bien aceptada por públicos que tradicionalmente no escuchan poesía. Es de notar memorablemente, un fuerte recibimiento de su poesía en 1976, frente a 800 personas en una Convención Nacional de Chicanos en Salt Lake City, Utah, después de leer "En Conmemoración del Bicentenario Estadounidense" y Letanía en Caló con El Teatro de la Gente de San José, California.

La poesía de José Antonio es una expresión de amor indocumentado por la tierra y el pueblo, no el gobierno, su política e historia. Su poesía es didáctica, con un sentido de próposito, a veces solamente entendido por chicanos o mexicanos que conocen caló, el dialécto Chicano.

Las traducciones son suyas. Algunos poemas fueron escritos originalmente en español y otros en inglés y otros bilingüemente con caló. Estas traducciones son todavía más difíciles por tener que traducir del caló al inglés. Porque el caló es a veces retirado del español, es imposible traducir directamente del español y dar el verdadero significado y espiritu del caló. Por ejemplo, carnal en español peninsular quiere decir hermano distante pero en caló quiere decir amigo íntimo o hermano. El significado de carnal se retira

más cuando se le llama a un carnal, carnaval.

A veces, como en la palabara "carnaval", las traducciones son literales y otro poema nace, al mismo tiempo manteniendo el espiritu de ironía chicana en inglés. Hay otros tiempos cuando las traducciones son más difíciles y no tan fluidas, pero con la esperanza de que sirvan un propósito interpretativo.

— Redacciones Chusma House

Dedico esta antología poética a
Cecilia Preciado Burciaga
quien sí tiene mi amor documentado.

&

I dedicate this poetic anthology to
Cecilia Preciado Burciaga
who does have my documented love.

I

1981 – 1991

Cobalt Blue

Cobalt blue perforates the reds and yellows
into poetic discourse
like acid burning prose.

I agonize the possible remorse
of having written instead of painted,
accented instead of ascended,
of an aesthetic affectation
that would have pleased the senses
through white writings
and pastel colored paintings
to brighten any office decor
and ignored the fathomless
abyss of a soul
lined with raw crimson.

But there are no regrets.
The lightness of suspension
in a vacuum is sheer ecstacy
or the epitomy of cynicism.

Azul de cobalto

Azul de cobalto perfora los rojos y los amarillos
en un discurso poético
como prosa ácida, quemante.

Agonizó el posible remordimiento
de haber escrito en lugar de pintado,
acentuado en lugar de ascendido,
de una afectación estética
que agrada los sentidos
por medio de escrituras blancas
y pinturas al pastel
que alegran cualquier décor de oficina
e ignorado el incomprensible
abismo de un alma
forrado con carmesí crudo.

Pero no hay arrepentimientos.
La ligereza de la suspensión
en un vacio es puro éxtasis
o resumen del cinismo

Breaching Fifty

I breach my soul
to conceive poetry
through a sieve
of filtered chardonnay.

I see my youth
swirling down
seven black holes
as I urinate
and ponder the fact:

Death is contagious.

Brechando cincuenta

Abro brecha en mi alma
para parir versos
por un tamiz
de filtrado chardonnay.

Veo mi juventud
en remolino
por siete agujeros negros
mientras orino
y contemplo el hecho:

La muerte es contagiosa.

México, Loved and Surreal

Like Emperor Chingonotl,
in the back seat of a yellow taxi
we slice through Tenochtítlan's
pungent diesel, orange air.

The taxi stops and frames
the window scene,
my father's figure comes alive.
His back to me, he sits atop a wall,
a pyramid of dark volcanic stone.

I dared not disturb
his shock of pure white hair,
his hardened hands resting
a life of hard and honest labor
atop a wall of cool black rock.

The peaceful trust
I knew as a child returned
and I wanted to run like a son
to fling myself upon his waiting comfort.

"But he must not know I'm here,"
I thought.
"Or I'll blow the magic."

The light turned green,
the brake released,
the gear in first,
the taxi slowly pulled away.

My father heard,
and turned his head.
I quickly hid and looked away.

I hadn't seen him since his death.

México Querido y Surreal

Como el Emperador Chingonotl
me paseo en taxi amarillo
que parte el aire mortaz diesel, color naranja
del nuevoTenochtitlan.

El taxi se detiene
mi ventana enmarca
la espalda de mi padre sentado
arriba de un cerco,
pirámide peñasco, volcán.

No me atreví a estorbar
su melena blanca,
sus rudas manos,
su vida honrada de dura labor
descansando sobre la frescura de una roca.

Regresó aquella tranquila paz
que de criatura conocí.
Y como hijo quise correr,
arrojarme a sus brazos

¡No debe saber que estoy aquí!,
pensé.
¡O no duraría la magia!

La luz cambió al verde,
el freno despegó,
el cambio entró a primera,
y el taxi lentamente se arrancó.

Mi padre lo oyó,
su cabeza volteó,
y me escondí subitamente.

No lo había visto desde su muerte.

Bilingual Love Poem

Your *sonrisa* is a sunrise
that was reaped
from your smile
sewed like a *semilla*
into the *sol*
of my soul
with an ardent *pasión*,
passion *ardiente*,
sizzling in a mar de amar
where more is *amor*,
in a sea of *sí*
filled with the *sal* of salt
in the saliva of the *saliva*
that gives *sed*
but is never sad.

Two tongues that come together
is not a French kiss
but bilingual love.

Poema de amor bilingüe

Tu sonrisa es un *sunrise*
cosechada
de tu *smile*
sembrada como una semilla
dentro del sol
de mi *soul*
con una *ardent* pasión
passion ardiente
chisporroteando en un mar de amar
donde *more* es amor
en un sea de sí
llena con la sal de *salt*
en la saliva de saliva
que da sed
pero jamás está *sad.*
Dos lenguas que se encuentran
no es un beso de boca
sino amor bilingüe.

Stammered Dreams

I-I-ay-ay we-we-wish I-ay-ay wa-wa-was
fa-fa-fra-from a na-na-na-nation
fa-fa-free fra-fra-from ray-ray-di-di-ation
so-so-so-so I-ay-ay coo-coo-could s-s-sing
la-la-like a burr-burr-bird outside a caw-caw-cage
to-to-to deal we-we-with the the so-so-soil an-an-and rai-
rain ra-ra-rather tha-than pa-pai-pai-pain.

I-ay-I'm tah-tired of an-answering pho-pho-phones
and tah-talking to-to- fa-fa-falling snow-no-no-no.

I-ay-I we-we-wish I-ay wa-wa-was
si-si-six an-an-and un-under the moo-moo-moon.

I-ay-I we-we-wish I wa-wa-was
fa-fa-fa-five a-and rah-rah-rah-running around and
around, in-in-instead of cra-crying insigh-sigh-side.

I-ay-I we-we-wish I wa-wa-was
fo-fo-four a-a-and la-la-laughing in-in-sigh-side.

I-ay-I we-we-wish I wa-wa-was
the-the-three an-an-and rea-rea-really-ly-ly f-f-free.
I-ay-I we-we-wish I wa-wa-was
two-two- an-and be-be with ma-ma-ma-ma.

I-ay-I we-we-wish I wa-wa-was
wah-wah-one and insigh-side a woo-woo-womb.

Of gro-gro-gro-growing fa-fa-far
to-to-to a-na-na-na-nother tah-tah-time
and dree-dree-dream-me-me-ming away-way-way.

Sueños tartamudos

Yo-yo-yo- qui-qui-sie-siera se-se-ser
de-de-de ot-ot-otro pa-pa-país
li-li-libre de-de-de ra-ra-ra-di-di-ació-ción
pa-pa-pa po-po-po der ca-ca-cantar
co-co-mo-mo un-nun pa-pa-pája-jaro
fue-fuera de-de u-una ja-ja-jaula
pa-pa-pa co-co-mu-mulgar co-con la-la tie-tierra
y la-la-la llu-llu-via en lu-lugar del do-do-dolor.

Yo-yo es-esto-to-toy ca-cansado de de co-contestar
lla-ma-madas y ha-blar-con la-la ni-nieve que-ca-cae.

Qui-qui-quisiera te-te-tener se-se-seis
y esta-ta-ta-tar ba-bajo la-la-lu-luna.

Qui-qui-quisiera te-te-tener ci-ci-cinco
y co-co-correr y correr y correr
e-en lu-lugar de-de llo-llo-llorar po-por de-dentro.

Qui-qui-quisiera te-te-tener cua-cua-cuatro
y re-re-reír po-po-por de-dentro.

Qui-qui-quisiera te-te-tener te-te-tres
y se-se-ser de-de-deveras se-ser li-li-libre.
Qui-quisiera te-te-tener do-do-dos
y esta-ta-tar co-co-con mi-mi ma-ma-ma-má.

Qui-qui-quisiera te-te-tener u-uno-no-no
y ade-de-dentro de-de-del vi-vientre.

De-de cre-crecer le-le-lejos
a-a-a o-ot-otro ti-ti-tiempo
y so-so-soñar má-más ay-ay-lla.

"Two paths diverged in the lonely wood . . ."
by Robert Frost

The Freeway Not Taken

No roads entered the lonely desert
and sorry I could not travel one
and be one hiker, I stood inert
to look across the vast expanse of hurt
to where I heard the rising sun.

Then took one step, begin the journey
for to feign, remain behind was worse
I trudged across that dusty sea
to find a breath of life be free
without a pain, much less remorse.

Through the days of tumbleweeds and sage,
the hammering sun on the drum of the earth
recalcified my dry stoned lips
that wore the fear of thirst
for freedom bound to join
that which didn't await us
but feared as much as Blacks
upon the rocks of urban plenty,
whoever bound for seas of grain
were left to be deported back
again to be recaptured
with the rapture
of that burning desire
to trudge across our desert
with the thirst of the earth
giving rhyme to the reasons
which once migrated free
and soared to the North

without blind documents
that white the senses loose.

No roads entered our lonely desert
so we, we trudged along to pave your way
to see the other side of you
that lives on the other side of that
which flows between us now
and will flow inside us soon
when the migration is complete
and a newer sun has come to dwell
which shall be called el sexto sol.

And you shall be telling this with glee
sometime ages and ages to claim,
no roads diverged in the lonely desert, and we,
we carved a few in that desert sea
and that has made us all the same.

"Dos veredas se desviaron por el bosque solitario . . ."
Robert Frost

La autopista no tomada

Ningún camino entró al solitario desierto
y con pena de no poder viajar por uno,
estando de excursión, me paré inmóvil
y miré aquella dolorosa extensión
donde escuché el amanecer.

Entonces dí un paso, para iniciar el viaje,
porqué fingir, quedarme sería peor,
batallé por cruzar aquel polvoroso mar
y encontrar aliento de vida libre
sin pena, sin rencor.

Por días de yerbas y salvia
el martillo del sol sobre el tambor tierra
recalcificó mis labios de piedra seca
que lucian el temor a la sed
de la libertad destinada a unirnos
con aquello que no nos esperaba
pero temía igual que a los negros
sobre las piedras de la plenitud urbana,
quienquiera que fuera a oceanos de grano
serán deportados
con el éxtasis
del deseo ardiente
de cruzar el arduo desierto
con la sed de la tierra
dando rítmo a las razones
que en otra era migraron libres
volando al norte

sin documentos ciegos
que blanquean y aflojan los sentidos.

Ningún camino entraba al solitario desierto
y por eso marcamos camino
para ver el otro lado de ti,
que vive al otro lado
de lo que ahora corre entre nosotros
y pronto correrá dentro nosotros
cuando la migración haya terminado
y un nuevo sol amanezca,
que será el sexto sol.

Y así recordarás con regocijo
algún tiempo, eras y épocas a reclamar,
no había caminos por el desierto, y nosotros,
nosotros grabamos algunos en ese mar desértico
y eso nos ha hecho a todos iguales.

After Aztlán

After Aztlán
there will be Alabam
and Texarkan,
there will be the can-can,
there will be the cha cha cha
and the ay yayay ya ya!

There will be dancing
on the mountain
from Lebanon
to Vietnam
via Aztlán
360° round
the horizon
and beyond
to the dawn
of a new sun
with everyone
from Anglo-Saxon
and African
to Indian
and Mexican
man and woman
will dance to the tune,
When the Saints Come Marching In.

After Aztlán
there will be no Mictlán,
just the question
at the last judgement
about how you want
your frijoles: con
red chile, green chile; tortillas,
de harina, maíz, o pan?

After Aztlán
we will be one nation
under the sun
with liberty and jamón for todos.
Amen.

Después de Aztlán

Después de Aztlán
habrá Alabám
y Texarkan
habrá el can-can
habrá el cha, cha, cha
y el ay yay ya ya!

Habrá baile
en la montaña
desde Líbano
a Vietnam
vía Aztlán
360 ° alrededor
del horizonte
y más allá
al amanecer
de un nuevo sol
donde todos
desde'l anglosajón
y el africano
al indio
y mexicano
hombre y mujer
bailarán a la melodía
Cuando los santos entren marchando.

Después de Aztlán
no habrá Mictlán,
solamente la pregunta
del último juicio
sobre ¿cómo querrán
sus frijoles: con
chile rojo, verde; tortillas
de harina, maíz, o pan?

Después de Aztlán
habrá solamente una nación
bajo el sol
con libertad y jamón para todos.
Amén.

Lo del corazón

Lo del corazón,
is that which comes from the heart.
Co-ra-zón
pronounced ko-da-son,
without the bow in the Ko,
pronounced with a soft "d" and
"son" instead of "zone",
with an accent on the són.
Now repeat as you read:
"Corazón!"
Also pronounced Corathón
in Hithpania.

But in Aztlán
you can say cora
which is short for corazón
or you can say corazonsote
which is very big hearted
or a sweet and short corazonsito

Literally and biologically
it is the organ of circulation,
that which is the ticker,
the soul, the spirit
or the gut feeling.
Lo del mero corazón
comes from the core,
comes from the center,
it is the nucleus,
it is the seed,
it is the essence,

and the quintessence.

A corazonaso can be:
a dolor de corazón — heartache
corazón partido — heart break
corazón doloroso — heart-rending

Del mero corazón is:
that which comes from a bottomless heart,
that which gives love,
that which gives valor,
that which supports the backbone,
that which gives nerve
that which makes you love.

Love = amor
yo amo = tu amas
él, ella ama = nosotros amamos
vosotros amais = ellos aman,
Amén.

Through Time and Space

Calendar leaves
will flap their memory wings
to anoint the wounds
of unbridled immigrants
with the joyous feasts of santos.

This I will tell you!
A full moon will caress
their passage to the promised land
through the barbed wire of humor.

Smelter Town
is Imelda,

Villa Ahumada,
Smoky Village,

El Paso
is Ellis Island,

Waco is Hueco
as in hollow,

Las Cruces,
triple jeopardy,

El Río Grande,
el Río Bravo.

Truth or Consequences,
a desert mirage.

And the "American way of life"
is the trek from Centroamérica
to el Norte.

Por el tiempo y el espacio

Hojas del calendario
ondularán sus alas de recuerdos
para ungir las heridas
de imigrantes desenbridados
con días festivos de santos.

¡Esto te diré!
Una luna llena acariciará
tu pasaje a la tierra prometida
por el alambre con púas de humor.
Imelda
es *Smelter Town,*

Villa Ahumada
es *Smoky Village,*

El Paso
es *Ellis Island,*

Waco es Hueco,
como vacío,

Las Cruces,
triple riesgo,

El Río Grande,
el Río Bravo.

Truth or Consequences
es un espejismo en el desierto.

Y el American *way of life*
es el viaje de Centroamérica al norte.

¿Qué Pasó?

In Floresville, Texas,
the roses ejaculate sweet blood
that shoots past the thorns
from the balls of racism.

Hey Ricardo!
Where did you get the stereo?
Years don't die so fast
as the flash of your life
snuffed out by the dark tunnels
of a sawed off, double barrelled,
racist mind like point blank
under arm destruction.

Ese Larry!
I understand
la jura turned your homicide
into a suicide, just like magic.
Behind the steel bars
they filled the night
with cold hatred
and swore allegiance
to *la cosa blanca.*

And how about you, Joe!
Could you swim at all
with them handcuffs on?
Or did you drown
from the laughter
of the piss infested swine
drinking by the canal?

And Santos,
When the jura woke you up
and dragged your 12 years
to play russian roulette
in the front seat of a squad car,
did you think it a bad dream,
only to be awakened
by the blast
that stained your T-shirt
crimson red?

¡Orale batos!

Did you forgive
in the tradition of Chuy?
Did your eyeballs look up with sorrow?
Did you pray, "Forgive them Father,
for they know not what they do"?

Or did you panic
to catch that last breath of life
before departing?

¿Que pasó?

¿Qué Pasó?

En Floresville, Texas
las rosas eyaculan sangre dulce
que sale pasando las espinas
de los huevos del racismo.

¡Oye Ricardo!
¿Dónde apañaste el estéreo?
Los agros no mueren tan rápido
como el relámpago de tu vida
apagado por los oscuros túneles
de doble barril cortado por una
mentalidad racista con la explosión
a quemarropa.

¡Ese Larry!
Se dice
que la jura cambió tu homicidio
a suicidio como magia.
Detrás de las barras de hierro
llenaron la noche
con friolento odio
y juraron lealtad
a la cosa blanca.

¿Y que pasó contigo, Joe?
¿Pudiste nadar
con las esposas?
¿O te ahogaste
con la risa
de marranos infestados de orina
que pistiaban al lado del canal?

¿Y Santos,
cuando la jura te despertó
y arrastró tus 12 agros
a jugar ruleta rusa
en el asiento de una patrulla,
pensaste que era pesadilla
para pronto despertar
con la explosión
que manchó tu camiseta
color carmesí rojo?

¡Orale, batos!

¿Los perdonaron
en la tradición de Chuy?
¿Miraron al cielo con dolor?
Suplicaron, "Perdónalos Padre,
porque no saben lo que hacen?"

¿Qué pasó?

¿O les entró el pánico
tratando de respirar la vida
por última vez antes de descontarse?

¿Que pasó?

Sister María de la Natividad Burciaga Zapata

26th of Angst
nineteen-eighty something
11:30 stranded desert time.

Today Tía Nati,
my brown indian aunt
in a black habit
passed away.

She who baptized my entrance
and performed bendiciones
on my scarred face
with a white smile
and a letanía
de los santos,
por los santos
now and at the
hour of my wake.

Unlike other nuns,
Tía Nati died beneath a bed
speaking in tongues
and celebrating freedom
from her sanity.

It all began and ended as a dream
the day she was born.

Today she rests
alive in the reality
of an eternity
more real
than this fleeting space
called time.

Sor María de la Natividad Burciaga Zapata

25 de Angustias,
mil novecientos y algo,
a las 11:30 tiempo desamparado del desierto.

Hoy mi tía Nati,
monja morena
con hábito negro,
falleció.

Ella quien bautizó mi entrada
y ejecutó bendiciones
sobre mi faz cicatrizada
con una sonrisa blanca
y una letanía
de los santos
por los santos
ahora y en la hora
de mi velorio.

En contraste a otras monjas,
tía Nati falleció bajo la cama
hablando en idiomas
y celebrando ser libre
de su cordura.
Todo comenzó y terminó como un sueño,
el día que nació.

Hoy descansa
y existe en la realidad
de una eternidad
más real
que este fugaz espacio
llamado "tiempo."

Burciaga '80

Modismos

DICHO: Del rico no apesta nada.
TRANSLATION: The rich do not stink.
APPLICATION: Apply cologne, after shave lotion or Chanel No. 5 when asking for a loan.

DICHO: Juntos pero no revueltos.
TRANSLATION: Together but not mixed.
APPLICATION: When ordering 2 eggs sunny side up. Does not apply to bilinguals, bicultrals and bisexuals

DICHO: El que ríe de último, ríe mejor.
TRANSLATION: He who laughs last, laughs best.
APPLICATION: When told a joke, hold laughter to the last and have the best laugh.

DICHO: Lo mío es mío y lo tuyo también.
TRANSLATION: What's mine is mine and what's yours is mine too.
APPLICATION: Applies to the IRS.

DICHO: La necesidad desconoce fronteras.
TRANSLATION: Necessity knows no frontiers.
APPLICATION: Self explanatory except to la migra.

DICHO: Roma no se hizo en un día.
TRANSLATION: Rome was not built in a day.
APPLICATION: Does not apply to Roma, Texas, built in 23 hours.

DICHO: A cual tierra fueres, haz lo que vieres.
TRANSLATION: When in Rome, do as the Romans do.
APPLICATION: In Roma, Texas, people do as they please.

Burcaya-May '89

DICHO: El cáncer entra por una uña.
TRANSLATION: Cancer enters through one fingernail.
APPLICATION: Take no chances, trim all your finger-
nails.

DICHO: El dinero es la perdición del hombre
TRANSLATION: Money is the root of all evil.
APPLICATION: Do not use money. Use checks, Visa,
American Express or Mastercharge.

DICHO: El panteón está lleno de limpios,
tragones y valientes.
TRANSLATION: The cemetery is full of clean people,
gluttons and brave people.
APPLICATION: Be dirty, anemic, cowardly and live
longer.

DICHO: El que a dos amos sirve, queda mal
con uno.
TRANSLATION: He who serves two masters
disappoints one of them.
APPLICATION: Does not apply to Mexican-Americans,
alias Chicanos.

DICHO: El que no sabe es como el que no ve.
TRANSLATION: He who does not know is like the
one who does not see.
APPLICATION: He who knows and sees is nosy.

DICHO: El que no arriesga no cruza el río.
TRANSLATION: He who does not risk, does
not cross the river
APPLICATION: The river is easy, life in this country
is hard.

BURCIAGA 3.4.81

Poem Number Seven

Sheer farce
alleviating yourself
on your crazy wave
to erase
your disasters
you dress
like a peacock
with pants in mourning
and the little walk
with the rhythm of a bufoon
swaying your hair mop,
looking every which way
and your wrists bent
as if you were streamlined
to all hell
while within
you undo yourself
with the anguish
of your being
for having refused
the lie
that you didn't want to be
from here
nor from there.

Poema número siete

Puro pedo
alivianándote
en tu onda de loco
pa' borrar
tus desmadres
te vistes
como pavo real
con tramados enlutados
y el andadito
con ritmo de bofo
meciendo tu melena
mirando a todos lados
y las muñecas de tus manos
dobladas
como si estuvieras
streamlined
de a madre
mientras por dentro
te deshaces
con la angustia
de tu ser
por haber rechazado
la mentira
de que no quisiste ser
ni de acá, ni de allá.

Poem Number Eight

Definitely yes
in the rarest of sentiments
more sí than yes
loosening the barrier
mixing like porridge
the water with the earth
battering mud pies
as if they were
all american pies
when in effect
they were mudded dreams.

Poema número ocho

Símon que sí
en el más raro sentimiento
más yes que sí
aflojando la barrera
mezclando como atole
el agua con la tierra
batiendo pasteles de lodo
como si fueran
all american pies
cuando en efecto
eran sueños enlodados.

Poem in Three Idioms and Caló

Spanish between English
between Nahuatl, between Caló.
How mad!
My mind spirals to the clouds,
so smooth I feel four tongues in my mouth.
Twisted dreams fall
and I feel a flower bud
from four different lives.

I distinctly remember
when I was a Maya,
when I was a Spaniard,
when Cortés raped my great great grandmother
when I walked over the Southwest.

I remember the sun
in my mouth sleeps
woman, Nahuatl
temple my mouth,
killed by the English
and wounding my Spanish,
now I limp walk in fractured Spanish
but there is no problem
for everything is valid
with or without safeties.

Poema en tres idiomas y caló
original

Españotli titlán Englishic,
titlán náhuatl, titlán Caló.
¡Qué locotl!
Mi mente spirals al mixtli,
buti suave I feel cuatro lenguas in mi boca.
Coltic sueños temostli
y siento una xóchitl brotar
from four diferentes vidas.

I yotl distinctamentli recuerdotl
cuandotl I yotl was a maya,
cuandotl, I yotl was a gachupinchi,
when Cortés se cogió a mi great tatarabuela,
cuandotl andaba en Pachucatlán.

I yotl recordotl el tonatiuh
en mi boca cochi
cihuatl, náhuatl
teocalli, my mouth
micca por el English
e hiriendo mi español,
ahora cojo ando en caló
pero no hay pedo
porque todo se vale,
con o sin safos.

Poema en tres idiomas y caló

Español entre inglés,
entre náhuatl, entre caló.
¡Qué locura!
Mi mente en espiral asciende a las nubes
bien suave siento cuatro lenguas en mi boca.
Sueños torcidos caen
y siento una xóchitl brotar
de cuatro diferentes vidas.

Yo indudablemente recuerdo
cuando yo era maya,
cuando yo era gachupín,
cuando Cortés se cogió a mi gran tatarabuela,
cuando andaba en Aztlán.

Yo recuerdo el sol
en mi boca duerme
mi mujer náhuatl,
templo mi boca
muerta por el inglés,
e hiriendo mi español,
ahora cojo ando en caló
pero no hay problema
porque todo se vale,
con o sin seguridad.

To Mexico With Love

Mother country who accused
your children without reason
being you the occasion
I want you to remember:

That we are children forgotten,
    children of revolutionaries,
    children of the exiled,
    children of wetbacks,
    children of braceros,
    children of farmworkers,
    children in search of bread,
    children in search of work,
    children of Sanchez
      you never educated,
    children you abandoned,
    children of a gringo stepfather
    children from the bottom,
    children imperfect,
    children with the chopped Spanish,
    children without protection.

Remember we are *Mexicanos*,
      we are Chicanos,
and like absent descendents,
remember your prodigal children.

Para México con cariño

Madre patria que acusaste
a tus hijos sin razón,
siendo tu la ocasión
quiero que recuerdes:

Que somos hijos de olvidados,
    hijos de revolucionarios,
    hijos de exilados,
    hijos de mojados,
    hijos de braceros,
    hijos de campesinos,
    hijos que buscaban pan,
    hijos en busca de trabajo,
    hijos de Sánchez que no educaste,
    hijos que abandonaste,
    hijos de padrastro gringo,
    hijos de los de abajo,
    hijos pochos,
    hijos guachos,
    hijos con el *Spanish* mocho,
    hijos desamparados.

Recuerda que somos mexicanos,
          somos chicanos,
          sabemos inglés,
y como desendientes ausentes
recuérdanos como hijos pródigos.

Everything Fits in a Sack,
If You Know How to Pack

All sorrows fit
inside a steel bag.

A tire fits
with or without air.

The sea gulls that respect hope,
also fit.

All the foam from the ocean fits,
to wash the encrusted blood
from the pain.

All the questions
and all the answers fit,
just as all hope
and desperation fit.

Todo cabe en un costal
sabiéndolo acomodar

Las penas caben
dentro un costal de acero.

Cabe una llanta
con o sin aire

Caben las gaviotas
que respetan la esperanza.

Cabe la espuma del mar
para lavar
la sangre encostrada
del dolor.

Caben todas las preguntas
y todas las respuestas
así como la esperanza
y la desesperación.

Redwood City

In Redwood City
people awoke one day
to screaming hieroglyphics
no one could decipher
but the cholos.

Overnight, Madera Roja
became worthwhile
for squad cars
and *políticos*
to practice their tactics
while the cowboy bar disappeared.

In Madera Roja
along Middlefield Road,
viejos from *Michoacán*,
walk up and down
yearning for a softer ground
and tipping their hats
to *señoras* in mourning black.

In El Bracero Bar,
Los Inocentes
play old *norteñas*
on eletric guitars
while young men
sip Coors
glancing at the prancing *güeras*,
wishing . . . .

In Madera Roja
la tierra de México
has been traded for dust.

In Madera Roja,
young *cholos* and *cholas*
guard the street corners
and stake their claim
for the long wait.

Madera Roja

En Madera Roja
la gente despertó un día
a gritos de jeroglíficos
que nadie pudo decifrar
más que los cholos.

De noche a día, *Redwood*
valió la pena
pa' que patrullas
y políticos
practicaran su táctica
mientras que los vaqueros
desaparecían.

En Madera Roja
por el Camino Middlefield,
viejos de Michoacán,
caminan pa'arriba y pa'bajo
deseando un suelo más blando
y con el sombrero saludan
a señoras de luto.

En El Bracero Bar,
Los Inocentes
tocan viejas norteñas
con guitarras eléctricas
mientras que jóvenes
toman Coors
y tiran miradas a la güeras bailando,
deseando . . . .

En *Redwood*,
la tierra de México
la han cambiado por polvo.

En *Redwood*,
cholos y cholas
protejen las esquinas
y reclaman su derecho
a una larga espera.

Saint Valentine 1978

Today we celebrate
the day of the enamored
and recall
Valentín from the Mountain,
Liberty Valance,
and Richie Valens,
alias Ricardo Valenzuela,
who imitated Cupid
shooting arrows
to those involved,
indian love style,
cornering Donna
in the fifties
while today
we find ourselves
in the same conditions
with the same passions
secretly in love
but without the balls
of Valentín who loved the revolution,
Liberty Valance who loved his principles,
and Richie Valens who loved Donna.

San Valentín 1978

Hoy celebramos
el día de los encanicados
y recordamos
a Valentín de la Sierra,
Liberty Valance
y al Richie Valens,
alias Ricardo Valenzuela,
que la hacía de Cupido
chuteando flechazos
a los empelotados
con amor de indio
dándole esquina
a la Donna
en los cincuenta
mientras hoy
nos encontramos
en las mismas condiciones
con parecida pasión
secretamente enamorados
pero sín los huevos
de Valentín que amaba la revolución,
Liberty Valance que amaba sus principios,
y Richie Valens que amaba a la Donna.

Emilia

My *comadre*
called me
first of all
to say hello
and tell me
that Ricardo
was sick
with vomit and fever
according to Alicia
it was a virus
and thank God
she didn't take the trip
since her income tax
arrived
with the dreams
of buying a typewriter
to write
her poems and stories
and pay her *comadre*
how much she doesn't know
and that this morning
looking through the window,
she thought:
"How beautiful to have been a tree!"
And I tell her,
"Comadre, write that poem

My comadre answers,
"Sure! We'll see."

Emilia

Mi comadre
me llamó
primeramente
pa' saludarme
y decirme
que Ricardo
se le había enfermado
de vómito y calentura
según Alicia
era un virus
y que gracias a Dios
que no fue de viaje
que'l *income tax*
le llegó
y los dreams
que se quiere comprar
son una *typewriter*
pa' escribir
sus poemas y cuentos
y pagarle a su comadre
que no sabe cuánto le debe
y que esta mañana
viendo por la ventana,
pensó: — ¡Que bonito haber sido árbol!
Y yo le digo,
— Comadre, escriba ese poema.

Mi comadre me contesta,
— ¡Sí! Ya veremos.

El Juan From Sanjo

El Juan from Sanjo
whispers cobwebbs
into the telephone
as if he were still in Soledad
knitting compromises
between the bars of his life
and with melancholic care
he whispers:

¿Sabes que, ese?
I'm a loco from the word go,
in the purest sense
of the word loco,
from the latin,
loco citato,
the place cited,
I know my place, ese,
I know my location,
my station
es aquí!
¿Entiendes mendez?

El Juan
speaks his thoughts
between blowouts
and consultations
with Kierkegaard:
"¡Me explota la mente, ese!"

On the relevance
of graffiti on the wall:
"They wash it off or paint it out.
That's the crux of the problem, *ese!*
The people don't read!"

El Juan de Sanjo

El Juan de Sanjo
me susurra telarañas
en telefonazos
como si todavía estuviera en Soledad
tejiendo compromisos
entre las rejas de su vida
y con melancólico cuidado
me susurra:

— ¿Sabes qué, ese?
Soy loco, de a madre
en el más puro sentido
de la palabra 'loco',
del latín 'loco citato',
el lugar citado.
¡Yo sé mi lugar, ese!
¡Sé mi lugar!
¡Soy loco!
¡Conozco mi colocación,
mi estación
es aquí!
¿Entiendes, Méndez?

El Juan me toriquea sus pensamientos
entre tronadas
y consultas
con Kierkegaard:
— ¡La mente me explota, ese!

Sobre la pertinencia
del graffito en los muros:
— Los lavan o los pintan
¡Esa es la cruz del problema, ese.
La gente no lee! —

Río Grande

P'Osoge de los Tiguas
changed to Río Caudaloso,
superseded by Río Grande
also called El Bravo
by the Meskins
and Reeo Grand
by John Wayne
mean big river
of running water
from bleeding clouds
upon Mama Earth's
soft dry bosoms
that trickles down
to the banks
of dry recuerdos
floating down,
chicharras serenading
lazy summer noons
hot as black rubber tube
down swift currents
on stomach high
or knee deep water
where big boys and little men
drowned long time ago.

Steel lace bleed pain
and barbed wire dances long
U.S. declarations,
"Where you from?
What you got?"

Stalled 55 Chevy
with overheated injun
behind wheel

while viejo
staggers under
heavy news print
of bad news cause hunch
and tin suitcases bulge
with sweet dresses
for Toña la novia,
la hermana y la olvidada,
from the bracero home,
from el otro lado,
from the mirada,
to the escapada,
for few pennies to cross
across the cruz
to work, to dance,
to hear foreign tongues
while back home
two mariachis sing along
to a sweet shoeshine.

The Río is called Bravo
because of the walking Pirañas
that patrol along
the steel laced fence.

Pirañas eat brown meat
certified by department of aliens,
where fishing license
is a Visa or green paper.

Holes in fishing nets piss Pirañas off
and brown fishermen walk on water
when Pirañas sleep or look the other way.

Río Grande

P'Osoge de los Tiguas
cambiado a Río Caudaloso
suplantado por Río Grande
también llamado El Bravo
por los Meskins
y Río Grand
por John Wayne
significa río grande
de agua que cae
de las nubes sangrientas
sobre los pechos
de Mamá Tierra
que gotean hacía las orillas
de secos recuerdos
que flotan con la corriente
mientras que chicharras
dan serenata a aquellas
tardes verenales de flojera
tan calientes como el hule negro del tubo
que corría con la corriente
sobre agua que llegaba
al estómago
o a las rodillas
donde niños grandes y hombres pequeños
se ahogaron hace mucho tiempo.

Encaje de hierro sangran dolor
y alambre de puas bailan largas
declaraciones del U.S.A.
— ¿De donde són? —
— ¿Que llevan? —

Un parado Chevy 55
con recalentado motor indio

detrás del volante
mientras que un viejo
se tambalea
bajo periódicos
pesados con malas noticias
causan joroba
y maletas de lámina se hinchan
con vestidos dulces
para Toña la novia,
la hermana y la olvidada,
del bracero a casa,
del otro lado
de la mirada
a la escapada
por pocos centavos cruzar
sobre la cruz
a jalar, a bailar
a escuchar lenguas extranjeras
mientras que'n casa
dos mariachis le cantan
a un dulce brillo de zapatos.

Al Río le llaman Bravo
por la pirañas que caminan
y patrullan al lado
del cerco de encaje de hierro.

Pirañas comen carne morena
certificada por el departamento de extranjeros
donde licencia para pescar
es una Visa o papel verde.

Agujeros en las redes enfadan a las pirañas
y los pescadores morenos caminan sobre el agua
cuando las pirañas duermen o miran a otro lado.

Without Apologies

The goring by a bull is not as painful as the horns of hunger.
                                    Manuel Benitez - El Cordobés

In Mineral Wells, Texas
my memories lie dormant
in the pot bellied streets
where people carry
bibles in their belts
and bias in their blood.

In the Crazy Horse Hotel,
Sunday lady painters
show and tell me
of sunny desert scenes
and sleeping Mexicans.

In Weatherford, Texas,
my dormant memories lie
along Highway 81,
past Cool and Millsap
where dormant my memories stayed
between the cracks of the red bricks.

In the Penny Bar outside of town
next to the Palo Pinto Drive-In
angry cowboys challenge me
for the right to win their dollar back
in a game of eight ball.

In the Penny Bar,
Linda Mae the bar maid
would dance but never kiss.

Splinters from weathered barns,
old windmills and rusted water tanks
followed the red road
from Weatherford to Mineral Wells
past Cool and Millsap.
On the south side of Wells,

on top of an old garage,
lies my bed and pillow
filled with dreams and nightmares.

Empty mailboxes,
happy paintings
and sad poems
filled them days.

Further south of Wells,
The Spanish Inn
welcomed me
with shy smiles
and a platefull of beans
as brown as their faces.

Sipping Lone Star beer
on a moonless night
alongside a dirt road
we talk of Air Force days,
tres batos in a black Ford.

Waiting was a game,
counting months,
painting weeks
and writing days.

Don't know if hunger,
jail, illness, racism,
isolation or the adventure
made me join the CIA.

Must've been adventure
cause I never felt the pain again.

In Mineral Wells, Texas,
my memories lie dormant
like tumbleweeds,
waiting for the desert winds.

Sin Disculpas

La cornada de toro no duele como los cuernos del hambre.

Manuel Benitez - El Cordobés

En Mineral Wells, Texas,
mis recuerdos se tienden
en calles benditas de hoyos,
donde la gente carga
biblias bajo el cinto
y prejuicio en la sangr e .

En el Crazy Horse Hotel
pintoras domingueras
me enseñan y me cuentan
de desiertos asoleados
con dormidos mexicanos.

En Weatherford, Texas,
mis recuerdos se estiran
a lo largo del Highway 81,
pasando por Cool y Millsap
donde mis recuerdos se quedarón
entre los rojos ladrillos de la carretera.

Fuera del pueblo en el Penny Bar,
enseguida al autocine Palo Pinto
cowboys encabronados me demandan
el derecho a ganar su dolar
en otro juego de billares.

En el Penny Bar
Linda Mae la cantinera,
le gustaba bailar,
pero no besar.

Establos astillados,
molinos viejos y tanques oxidados
siguen el camino rojo
de Weatherford a Mineral Wells

pasando por Cool y Millsap.

Al sur del pueblo
arriba de un garage
se tienden mi lecho y almohada
llenos de sueños y pesadillas.

Buzones vacios,
pinturas alegres,
y poemas tristes
llenaron aquellos días.

Más al sur de Wells,
en el restaurante Spanish Inn
sonrisas rancheras me dan la bienvenida
con un plato de frijoles
tan morenos como ellos.

Una noche deslunada,
tres batos en un Ford negro
pistiamos Lone Star
toriqueando del servicio,
días en el Air Force.

El juego era salir,
contando meses,
pintando semanas
y escribiendo días.

No sé si el hambre,
la cárcel, la enfermedad, el racismo,
el aislamiento o la aventura
me hicieron meterme a la CIA.

Creo que fué la aventura,
porque jamás sentí otra vez aquel dolor.

En Mineral Wells, Texas
mis recuerdos duermen
como yerbas secas,
esperando al viento del desierto.

Dear Max,

So full of Texas behind me,
God knows I was born, edgykated,
raised n'even served time
in the J.C. hoosegow.

Now before me a'gazing at the ocean,
a'raining hard,
n'after a couple earthquakes
blasted me soul with fear,
I wonder, Lord know I do,
if he ever intend me to go back to Texas.

Brother Cecil in Albaturkey, Numesiko
tells me, "Write the coffee drinker in Houston,"
and I remember brutal sayings by judges'n the pólees.

Lord know I done time
n'don't need that water in the air
you all call humidity.

Brother Cecil tells me you have issue
on back-burner, along with other tortillas
from Texas and Cecil says,
"¡Tu calificas, ese!"
And I wonder,
must be the times,
they do creep up,
for nowheres could I find it written
I was from Texas.

Done seen Morton time to time,

'nother Texas tortilla,
who claims the town
in the westest most point of Texas.

We sit and we sip
over good old California wine
n'recall that good ole Lone Star Beer,
y el chodovi-do
con las indias y las locas
and in between we inject the air with humor,
rationalizing that Chicano Lit
is too dam serious,
so we cure ourselves,
almost, cause the freeway cops
don't like weavers in the right lanes
so we stop short of figure four
and signing our names.

California cops are well trained Max,
they can spot a cholo two exits away.
Regards to Bernice, Kathy, Rhonda, Nick,
y tu abuela from a wayward Texano.

Estimado Max

Tan lleno de Tejas que me arrastra,
Diosito sabe que nací, fui cria'o,
educa'o, y hasta encarcela'o
en el bote de Juariles.

Ahora ante mis ojos,
mirando al mar, lloviendo fuerte,
y después de que un par de terremotos
detonaron mi alma con terror,
yo me pregunto, Diosito lo sabe,
si quiere que me regrese a Texas.

El carnal Cecilio en Albaturki, Nue'oméxico
me dice — Escríbele al cafetero de Houston,
y me acuerdo de brutos dichos del juzgado y la jura.

Nuestro Señor sabe que ya estufas con Texas
y que no necesito esa agua en el aire
que ustedes llaman humedad.

El carnis Cecilio me dice que tienes un número
en el comal con otras tortillas
de Tejas y Cecilio me dice,
— ¡Tu calificas ese!
Y yo me pregunto,
han de ser los tiempos
que se me arriman
al no encontrar escrito
que yo fui de Tejas.

He visto a Morton de vez en cuando,

otra tortilla de Tejas
que reclama el pueblo
más al oeste de Tejas.

Nos sentamos y pistiamos
buen vino de Califas
y recordamos la Lone Star Beer
y el chodovi-do
con las indias y las locas
y entre sí inyectamos el aire con humor
razonando que la literatura chicana
es demasiada seria,
así que nos curamos,
casi, porque a la jura de caminos
no le gusta meneadores en el primer carril
así que nos detenemos de la figura cuatro
y a firmar nombres.

La jura de Califas está bien entrenada, Max,
divisan a un cholo a una distancia de dos salidas.
Recuerdos a Bernice, Kathy, Rhonda, Nick y
tu abuela, de un Texano desviado.

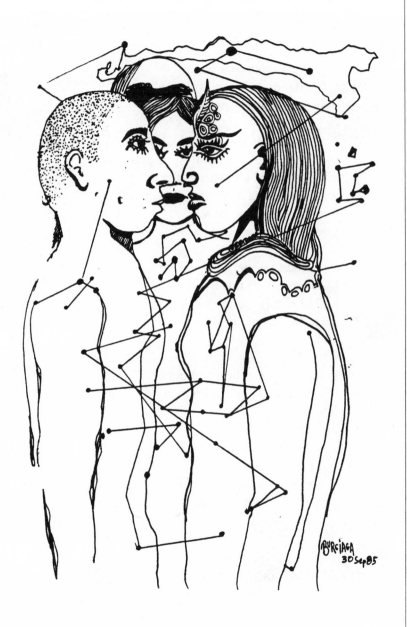

Letter to Yvonne

Here I take out your letter
from Metamorphosis,
gray letter dated April 23.

I sat down this cloudy Sunday morn,
to hammer out "Without Apologies"
and the poetic don't leave me
and follows me in this very letter
but don't turn me loose
no way, no how.

I wanted to write:
I fool my damn raisin
killing painful sorrows
with the ¡Ja, ja, ja!
and the Ha, ha, ha!
while I swing
between desperation and hope
upon knowing or not knowing
if we've arrived
or will never arrive
to who knows where
but the damn current
is furious and you're worthless
if you let go of the reins.

Carta a Yvonne

Aquí saco tu carta
de Metamorfosis,
carta gris con fecha Abril 23.

Me senté esta mañana, domingo nublado,
a martillar Sin disculpas
y lo poético no me deja
y me sigue en esta carta,
no me suelta
de ninguna manera.

Quise escribir:
Me madereo la pinchi pasa
matando penas dolorosas
con el ¡ja, ja! ja!
y el ha! ha! ha!
mientras me columpio
entre la desesperación y la esperanza
al saber o no saber
si hemos llegado
o jamás llegaremos
a no sé donde
pero la pinchi corriente
está sura y vale mar
al que suelte las riendas.

Letter to Gato and Margie

Dear carnivals,
What passions with the shadows of February
and disconnected lines
since the fucking month of January?

The unsewed and bloody drunks
the cops apprehend in their heat
have an indigenous intention
that leave the sweat trembling
with a semblance of fear.

In consequence to the contrary,
it is possibly probable
that the frosted wound
may have doubled in its sorrow
leaving a dry and cold smoke
in the afternoon,
burning the hopes
with the sunset and
iluminating the nocturnal quality.

With no more and no less,
I undo myself without pretention.
We will glass each other.
Llévatela suave y ve alrededor.

Carta al Gato y la Margie

Estima'os carnavales,
¿Que pasiones con las sombras de febrero
y líneas desconectadas
desde'l pinchi mes de enero?

Los descocidos ebrios sangrientos
que apaña la jura en su calor
son de intención indígena
que deja el sudor temblando
con semblanza a temor.

En consecuencia a lo contradicho,
es posiblemente probable
que la escarchada herida
se haiga doblado en su pena
dejando el humo seco y frio
por la tarde
y quemando las esperanzas
con la puesta del sol
iluminando la calidad nocturna.

Sin más ni menos,
me desbarato sin pretensiones.
Hay nos vidrios.
Took it easy and look around.

Footnote a Juan Felipe

Greetings
to the comrades
that follow
the destiny
of the movement
on 24th Street
in the Mission
of San Pancho
where the aroma
is a mixture
of people and culture
with a noisy melody
at mid day
drumming
the bright of the night
in stoplight reflections
that say go
and say stop
and in between
say caution,
as in cawshun,
as in precaution,
as if to say trout,
as if to say eagle,
as if to say water,
as if to say underwear,
as if to say, "Watch it!"
as if to take care,
to expell, expeler,
to watch, guatchar,
as if to peal eye
in the jungle,
as if to have eyes
in the back of your head.

Anotación a Juan Felipe

Saludos
a los camaradas
que siguen
el destino
del movimiento
por la calle 24
en la misión
de San Pancho
donde el aroma
es mezcla
de gente y cultura
con ruidosa melodía
a medio día,
tamboreando
las luces de la noche
en reflejos de semáforos
que dicen go
y dicen stop
y entre sí
dicen - caution
como cáshon
como precaución
como decir — trucha
como decir — águila
como decir — aguas
como decir — ¡Naguas!
como decir — ¡Al alva!
como cuidarte,
like to take care,
to expell, expeler,
to watch, guatchar,
como pelar ojo
en la selva,
como tener ojos
detrás de tu cabeza.

Por la sierra morena, Cielito Lindo, vienen volando cientos de aviones cazando tu alma morena... ay, ay, Yayay, canta y no llores, porqué ——— cantando se alegran, Cielito Lindo los corazones.

BURCIAGA '84

II
In Time of War
En Tiempo de Guerra

Letter to the General

General Alexander Haig
Secretary of State
Department of State
Washington, D.C., 20520

Secretary General Haig:
With this I protest
the USA presence
in El Salvador.

With this I protest
the rifles, tanks and helicopters
that you send
so that Salvadoreños
can kill Salvadoreños.

With this I protest
your blind and stubborn
lack of respect
for the campesinos, workers
and the self determination
of a people.

With this I protest
the assassinations committed
by the military dictatorship
with gringo arms.

With this I protest
your virtuous attitude
and desire to control
the Caribbean.

With this I protest
your history of oppression,
suppression and repression
in Central America.

With this I protest
your terrorist and violent policy
against the people of El Salvador.

With this I protest
your incapacity
to learn your lesson
in Vietnam.

With this I protest
your arrogance and deafness
to reason and compassion.

With this I protest
your mockery of democracy,
peace and aid.

With this I protest
your intervention
in the internal affairs
of countries that desire to escape
economic suffocation
from the United States.

With this I protest
your refusal to understand
that El Salvador
is not the United States.

        Sincerely,
        José Antonio Burciaga

Carta al general

General Alexander Haig
Secretario de Estado
Departamento de Estado
Washington, D.C., 20520

Secretario General Haig:
Con esto protesto
la presencia de USA
en El Salvador.
Con esto protesto
los fusiles, tanques y helicópteros
que ustedes envian
para que salvadoreños
maten a salvadoreños.

Con esto protesto
su ceguera y testaruda
falta de respeto hacia
los campesinos, trabajadores
y la autodeterminación
de un pueblo.

Con esto protesto
los asesinatos cometidos
por la dictadura militar.
con armas gabachas.

Con esto protesto
su actitud virtuosa.
y deseo de controlar
el Caribe.
Con esto protesto

su historia de opresión,
supresión y represión
en Centroamérica.

Con esto protesto
su política terrorista y violenta
contra el pueblo salvadoreño.

Con esto protesto
su incapacidad
de aprender su lección
en Vietnam.

Con esto protesto
su arrogancia y sordera
a la razón y la compasión.

Con esto protesto
su burla a la democracia,
paz y ayuda.

Con esto protesto
su intervención
en los asuntos internos
de países que desean escapar
la sofocación económica
de los Estados Unidos.

Con esto protesto
su negación a entender
que El Salvador
no es los Estados Unidos.

> Atentamente,
> José Antonio Burciaga

Response from the General

United States Department of State

Washington, D.C. 20520

January 13, 1982

Mr. Jose Antonio Burciaga
318 Oakwood Place
Menlo Park, California 94025

Dear Mr. Burciaga:

Secretary Haig appreciates your views concerning U.S. policy toward El Salvador.

Although he cannot personally respond to each of the many communications he receives, he wants you to know that the Department gives careful consideration to such comments and values the spirit of public interest in which they are offered.

Because of your special interest in El Salvador, I hope you will find the enclosed material useful and informative.

Sincerely,

R. G. H. Seitz
Acting Assistant Secretary
for Public Affairs

Enclosure.

Respuesta del General

El Secretario Haig aprecia su opinión respecto a la política estadounidense hacia El Salvador.

Aunque personalmente no puede responder a cada una de las muchas comunicaciones que recibe, él quiere que usted sepa que el Departamento le da cuidadosa atención a tales comentarios y valora el espíritu de interés público en que son ofrecidos.

Por su especial interés sobre El Salvador, esperamos que encuentre útil e informativo el material que adjunto.

El Salvador War News

The magnifying glass
of eye witness news
directamente
from the battlefield
or a campesino's shack
gashes into the sufrimiento
with video transfusions
via satellite
to the Channel 4 News Desk
with cold gelatinous plasma
spilled on spittled streets,
while the campesino
could give a good fuck
or a rat's ass
whether it's Marx
or Adam Smith
who crucifices them
with bullets that dance
like arrows that jump,
into the rectum of his heart,
into the rectum of his mind,
into the rectum of the rectum,
to the depths of a requiem
hummed by Reagan.

Noticiero de Guerra de El Salvador

El lente de aumento
del ojo testigo
con noticias directas
del campo de batalla
o de una choza campesina,
acuchilla el sufrimiento
con transfusiones televisadas
vía satélite
a la sala del noticiero del canal 4
con fría y gelatinosa plasma
derramada en calles escupidas,
mientras que al campesino
le importa una chingada
o el culo de una rata
si es Marx
o Adam Smith
el que les crucifica
con balas que bailan
como flechas que brincan
dentro del recto de su corazón,
dentro del recto de su mente,
dentro del recto del recto,
al fondo de un réquiem
tarareado por Reagan.

Huitzilopochtli

Who is C.Lopoach Lee?

Over the green feathered jungles
outside of Chalatenango
motorized dragonflies
chop through the setting sun
spitting and sowing
stings of sweet lead
that take bloody roots
sprouting arms and screams
to the new Huitzilopochtli,
married to Pentagonia
who sends pentadactyls
in search of mortal offerings
for sacrificial stones
and the national security
of a plastic society.

Huitzilopochtli

¿Quien es Juisi Lopoch Li?

Sobre el verde plumaje salvaje
afuera de Chalatenango
libélulas motorizadas
tasan la puesta del sol
escupiendo y sembrando
piquetes de dulce plomo
que forman raíces de sangre
con brazos y gritos
al nuevo Huitzilopochtli,
casado con Pentágonia
quien manda pentadáctiles
en busca de ofrendas mortales
para las piedras sacrificiales
y la inseguridad nacional
de una sociedad plástica.

Generic Poem for U.S. Military Interventions

Originally Written for the Granada Invasion

One more poem for the invaders
one more search for metaphors,
the chime and the season,
while the war gods of the pentagon
thirst for the color blood.

One more poem for the aventureros,
the savage and plundering war mongers
who in the name of national inferiority
exercise their pernicious perversity
and label it democracy.

One more poem for the Leathernecks
who bleed from one beach to the next
and blindly confuse patriotism
with despotic vandalism
of the third world.

One more for the bigot,
one more for the bloodhound,
one more for the collection,
of unpublished ugly poems
in the mania of requiems.

One more, uno más, nada más, and the disgust, the sad
anger that flows through the veins don't let you do nothin' at
all that doesn't smack of buzzing flies on motionless lips,
eternal stares from stiff cold sculptures that will soon erode
into the earth. Nudes that are too late, too late for the sick
o'clock noose and the simple reaction that is born in realms
of pseudo-goodwill strung from a noxious dream of an All
American war for its heroes and to hell with the ideals that
have no morals or respect for human life. No, according to
one peace sign, "War for peace is like fucking for chastity."

Poema genérico para invasiones estadounidenses
Originalmente escrito para la invasión de Granada

Uno más para los invasores
otra búsqueda de metáforas,
el carillón y la temporada,
mientras los dioses del pentágono
babean por el color sangre.

Un poema más para los aventureros,
los salvajes saqueadores guerreros
quienes en el nombre de inferioridad nacional
ejercitan su perniciosa perversidad
y la nombran democracia.

Un poema más para los marines
que sangran de una playa a la siguiente
y ciegamente confunden patriotismo
con el despótico vandalismo
del tercer mundo.

Uno más para el intolerante,
uno más para el sabueso,
uno más para la colección
de espantosos poemas inéditos
en esta manía de réquiems.

Uno más, nada más, y el disgusto, el triste enfado que corre por las venas no deja hacer nada que no sepa a moscas zumbando sobre labios inmóviles, miradas eternas de tiesas y frías esculturas que pronto se convertirán en tierra. Nudistas que llegan demasiado tarde, demasiado tarde para el noticiero de las seis y la sencilla reacción que nace en la realidad de la pseudo-buena voluntad que cuelga del mareado sueño en una guerra All-American para sus héroes y al diablo con los ideales que no tienen moral o respeto a la vida humana. ¡No! Según un rótulo de paz, "Guerra es para la paz lo que coger es para la castidad."

4 February 1991

Today in Kingsville, Texas,
Arthur Garza was buried
at the tender age of 21.

What pain, what pain! What sorrow!

Killed in a desert war,
the marine called Arthur,
chose to be a mine field sweeper,
loaded with the all danger
the Marines could muster.

The rain followed the script
throughout the night
and into the morning.
Then the sun came out
on time for mass at San Martin
and lit the way
to the San Gertrudis cemetery
for the slow motion honor guard
that brought the body from the war.

What pain, what pain! What sorrow!

This Hollywood production
dressed in red, white and blue
had a solemn touch of black
with the sound of the trumpet
for the mute exchange of gifts,
between Jennifer Garza and the soldiers,
a husband for a flag.

What pain, what pain! What sorrow!

After the burial,
when everyone had left,
the rain returned
to soak the ground in which he slept.

What pain, what pain! What sorrow!

4 de Febrero de 1991

Hoy en Kingsville, Texas,
Arturo Garza fue enterrado
a la tierna edad de 21 años.

¡Qué dolor, qué dolor! ¡Qué pena!

Muerto en una guerra desértica,
el marine llamado Arturo
escogió barrer minas
llenas del máximo peligro
que los marines pudieron conseguir.

La lluvia siguió el guión
toda la noche
y por la mañana.
Entonces el sol salió
a la hora de misa en San Martín
alumbró el camino
al panteón de San Gertrudis
para la guardia de honor que en cámara lenta
trajo el cuerpo de la guerra.

¡Qué dolor, qué dolor! ¡Qué pena!

Esta producción Hollywoodesca
vestida en rojo, blanco y azul
tuvo un solemne toque negro
con el sonido de la trompeta
para el mudo cambio de regalos,
entre Jennifer Garza y los soldados,
un esposo por una bandera.

¡Qué dolor, qué dolor! ¡Qué pena!

Después del entierro
cuando todos se habían marchado,
la lluvia regresó
a empapar la tierra donde dormía.

¡Qué dolor, qué dolor! ¡Qué pena!

Litany For Peace

Jesus Christ
    Pray for us
Quetzalcoatl
    Pray for us
Alah
    Pray for us
Buddha
    Pray for us
Martin Luther King Jr.
    Pray for us
Mahatma Gandhi
    Pray for us
Mother Theresa
    Pray for us
Mother Earth
    Pray for us
Power of Justice
    Pray for us
Power of Truth
    Pray for us
Power of Reason
    Pray for us
Power of Humility
    Pray for us
Power of Forgiveness
    Pray for us
Power of Love
    Pray for us
Power of Faith
    Pray for us
Power of Hope
    Pray for us

Power of Charity
    Pray for us
From War
    Liberate us, oh Lord
From Petroleum
    Liberate us, oh Lord
From Hatred
    Liberate us, oh Lord
From Lies
    Liberate us, oh Lord
From Insanity
    Liberate us, oh Lord
From Self Love
    Liberate us, oh Lord
From Revenge
    Liberate us, oh Lord
From Materialism
    Liberate us, oh Lord
From Righteousness
    Liberate us, oh Lord
From Fear
    Liberate us, oh Lord
From Anger
    Liberate us, oh Lord
From Suspicion
    Liberate us, oh Lord
From Naivete
    Liberate us, oh Lord
From Blindness
    Liberate us, oh Lord
From Death
    Liberate us, oh Lord
Amen.

Letanía por la paz

Jesucristo
    Ruega por nosotros
Quetzalcoatl
    Ruega por nosotros
Alah
    Ruega por nosotros
Buddha
    Ruega por nosotros
Martin Luther King Jr.
    Ruega por nosotros
Mahatma Gandhi
    Ruega por nosotros
Madre Theresa
    Ruega por nosotros
Madre Tierra
    Ruega por nosotros
Poder de justicia
    Ruega por nosotros
Poder de la verdad
    Ruega por nosotros
Poder de la razón
    Ruega por nosotros
Poder de la humildad
    Ruega por nosotros
Poder del perdón
    Ruega por nosotros
Poder del amor
    Ruega por nosotros
Poder de la Fé
    Ruega por nosotros
Poder de la Esperanza
    Ruega por nosotros

Poder de la Caridad
    Líbranos Señor
De la guerra
    Líbranos Señor
Del petroleo
    Líbranos Señor
Del odio
    Líbranos Señor
De las mentiras
    Líbranos Señor
De la locura
    Líbranos Señor
Del amor propio
    Líbranos Señor
De la venganza
    Líbranos Señor
Del materialismo
    Líbranos Señor
De la sobrerectitud
    Líbranos Señor
Del miedo
    Líbranos Señor
Del enfado
    Líbranos Señor
De la sospecha
    Líbranos Señor
De la ingenuidad
    Líbranos Señor
De la ceguera
    Líbranos Señor
De la muerte
    Líbranos Señor
Amén.

III
Drink Cultura Refrescante
1980

Skool Daze

Un burrito de chorizo con huevos
stained my brown paper bag y los kakis
while Suzy looked on,
her Roy Rogers lunchbox
hanging and laughing
with peanut butter jelly sandwiches.

Y las suelas de mis calcos — the soles of my shoes
are loose like my tongue
and I sound like a horse when I run,
if I don't trip first,
because they bought them at Las Tres B,
since they were bonitos, buenos y baratos.

Memo got pissed
porque la ticha had told him,
"Tuck your shirt in!"
and so he tucked in his guayabera.

El Pifas was punished
for being bilingual
and so he wrote a hundred times:
I will not speak Spanish.
I will not speak Spanish.
I will not speak Spanish.

using three pencils at a time
finishing in record time.

And Father Rowland,
refusing holy communion to Doña Tencha

because she wore tennis shoes
that were easy on her juanetes — corns.

And Billy liked
the patches on my pants,
so his Mom put some patches
on his new pants.

And my Mother at night
recounting all about the 16th and the Cinco,
de los Niños Heroes — the boy heroes
and the great robbery.

While in skool,
I learn of Amerika,
the pilgrims,
Remember the Alamo!
Remember the Maine!
Remember the Gringa!
Malinche! Pocahantas!
and amber waves of grain
from sea to China, yes!

Yes! That good ole skool daze
calls me back again,
and I'll be coming home,
look away, look away, Aztlán!
¡Tan, tan!

Recuerdos del marco escolar

Un burrito de chorizo con huevo
manchó mi bolsa de papel y los kakis
mientras que Suzy miraba,
su lonchera de Roy Rogers
colgando y riendo con sangüiches
de mantequilla de cacahuate y jalea.

La suela de mis calcos
estaba floja como mi lengua
y sueno como caballo cuando corro,
si no me tropiezo,
porque me los compraron en Las Tres B
por ser bonitos, buenos y baratos.

El Memo se caldió
porque la ticha le había dicho:
— ¡Métete la camisa!
y se metió la guayabera.

El Pifas fue castigado
por ser bilingüe
y cien veces tuvo que escribir,
I will not speak Spanish .
I will not speak Spanish.
I will not speak Spanish.

usando tres lápices al mismo tiempo
terminando en tiempo récord.

Y el Padre Rowland
reusando comunión a Doña Tencha

por usar tenis
que protegían sus juanetes

A Billy le gustaron
mis pantalones parchados
así que su mamá le parchó
sus tramos nuevos.

Y mi mamá de noche
contándome del 16 y del 5,
de los Niños Heroes
y del gran robo.

Mientras que en la escuela
aprendo de América,
los peregrinos,
¡Recuerda el Alamo!
¡Recuerda el Maine!
¡Recuerda la Gringa!
¡Malinche! ¡Pocahantas!
y olas de grano, color ámbar
del mar a China, sí!

¡Sí! Aquel mareo escolar de nuevo me llama
y pronto volveré a casa.
¡Mira lejos, mira lejos, Aztlán!
¡Tan, tan!

There's A Vulture

There's a vulture over our culture
and the pigments in our hides
hang down their shades
thinking the odor of menudo
will keep them away.

The mashing of frijoles
for a thousand years will remind you
of the daily grind of finding and feeding
them clay pellets to your children.

The tortilla will survive
as our holy communion
our daily bread,
but I fear for the tostada
for already she is hailed
as an open face taco.

El chile pica o no pica
and now we have
mild, medium, hot and very hot.

And I saw gluttonous bodies
protruding from empty hamburger boxes
that lived less than a blink
and now blighten my way.

And a yellow ribbon
proclaims the sales
of six billion
synthetic xerox hamburgers

with computerized french fries.

And man became dogs' best friend
so they ate better than half the world
chunks of beef, protein and vitamin
for a healthier bow-wow.

So I think of our culture
and the neighborhood
leaving something to be desired.

The canned tamales came
wrapped in wax paper
because too many people
ate the corn husk,
with a knife and fork, no less.

The taco bell rang three times
and three times I denied their food
fearing they were xerox copies
and still some called it spanish food.

Then someone asked
where the best Mexican food was served
and I kept quiet thinking of the house
and the home that desired
something to be left.

Hay un buitre

Sobre nuestra cultura hay un buitre
y los pigmentos en nuestro cuero
bajan sus persianas
pensando que no se acercarán
con olor a menudo.

Y la machaca de frijoles
les recordará por miles de años
del trabajo de encontrar y alimentar
esas píldoras de barro a sus hijos.

Y la tortilla sobrevivirá
como nuestra cotidiana comunión,
el pan de todos los días,
pero temo por la tostada
porque ya le llaman
"taco con la cara abierta".

El chile pica o no pica
y ahora tenemos
moderado, mediano, picoso y muy picoso.

Y vi cuerpos glotones
resaltando de vacías cajas de hamburguesas
que vivieron menos de un parpadeo
y ahora arruinan mi camino.

Y un listón amarillo
proclama la venta
de seis billones
de hamburguesas sintéticas xerox

con papas fritas computarizadas.

Y el perro se hizo el mejor amigo del hombre
así que comió mejor que la otra mitad del mundo
pedazos de rez, proteína y vitamina
para un saludable guau-guau.

Y pienso en nuestra cultura
y en la vecindad
que deja algo que desear.

Los tamales enlatados
fueron envueltos en papel de cera
porque demasiada gente
se comía la hoja,
con cuchillo y tenedor.

La campana Taco Bell sonó tres veces
y tres veces reusé su comida
pensando que eran copias xerox
y todavía unos le llamaban spanish food.
Entonces alguien preguntó
dónde servían la mejor comida mexicana
y guardé silencio pensando en la casa
y el hogar que deseaba
que dejara algo.

Green Nightmares

I vomit verses
in green trousers
when la Migra
asks where I was born,
being the color of the earth.

I vomit verses
when thinking
one day they will knock
to tell me
my life here is terminated.

I vomit verses
in green trousers
when la Migra
tells Carlos,
"Your life here
is not a right,
but a privilege."

When they ask
why I don't return to Mexico
being this my land.

When they blame us for unemployment,

I vomit verses
in green trousers
when the moon
for three hundred pesos
and the hills denude.

Each time
I cross the bridge,
and declare "America!"
as if to give a fascist salute.

When my brothers can't cross
I remember walls in Berlin,
soldiers in Korea and wire cutters from Mexico
and I vomit verses
in green trousers
contemplating skulls
from the human hunters,
la Guardia Civil,
el Gestapo
and *la Migra*.

Pesadillas verdes

Vomito versos
de trajes verdes
cuando la Migra me pregunta
dónde nací,
siendo del color de la tierra.

Vomito versos
cuando vivo pensando
que algún día llegarán tocando
pa' decirme
que mi vida aquí se terminó.

Vomito versos
de trajes verdes
cuando la Migra
le dice a Carlos,
— Tu vida aquí,
no es derecho,
sino privilegio.

Cuándo preguntan
porqué no me regreso a México
siendo esta mi tierra.

Cuando nos culpan por el desempleo,
Vomito versos
de trajes verdes
cuando los coyotes
se cojen a la luna
por trecientos pesos
y las sierras se desnudan.

Cada vez
que cruzo el puente
y declaro — ¡American!
como dar un saludo fascista.

Cuando mis carnales no cruzan
me acuerdo de murallas en Berlín
soldados en Corea y alambristas de México
y vomito versos
de trajes verdes
contemplando calaveras
de los cazadores de humanos,
la Guardia Civil,
la Gestapo
y la Migra.

Litany For The Tomato

For the sweetness of a tomato
you need:
one Chicano farmworker,
twelve hours in the field,
loyalty to the earth,
your soul on the mountain,
far from the streets,
love for the valleys,
songs of color,
pain and love,
guitars in the nights,
recalling the jarochos,
dreams in the winds,
lulling the dead,
a brilliant sun,
much stamina,
footprints in the fields
of miles of chiles,
burning their backs
and dragging their skirts,
saints in corners
of cardboard houses,
sweat in their blood,
slicing the hunger,
and the wire;
seeds in their hands
sewing new dreams,
in the palms of their hands,
that bleed and paint
one sweet tomato.

Letanía al tomate

Para la dulzura del tomate
se requiere:
un campesino chicano,
doce horas en el campo,
lealtad a la tierra,
el alma en la sierra,
lejos de las calles
amor a los valles
canciones de colores,
dolores y amores,
guitarras en las noches,
recordando los jarochos,
sueños en los vientos,
arrullando a los muertos,
un sol brillante,
y mucho aguante,
huellas en los files,
de miles de chiles,
enchilando las espaldas,
y arrastrando las faldas,
santos en rincones,
en casas de cartones,
sudor en la sangre,
cortando el hambre
y el alambre;
semillas en las manos,
sembrando sueños nuevos,
en las palmas de las manos,
que sangran y pintan,
un tomate dulce.

El credo de Aztlán

Creo en Chuy,
bato de aquella,
y buti alivianado.
creador de Africa, Asia & Aztlán
y todo lo firme y chafas.
Creo en el jefito Chuy,
hijo ausente,
hijo del jefito,
jefito del hijo,
hijo de su,
más pronto que quick,
antes del before,
luz del light,
jefito del father,
todo firme,
todo machín,
no hecho a mano,
nor inin Taiwan,
el uno con el father,
por quien todo fue hecho,
que por la raza,
pá cá y que pá yá,
les mandó a Tonantzin
con el mensaje,
— ¡Aguas naguas con las gabas!
Y por no fijón
se chingaron.

Ahora sentados en cuclillas,
hechando las tres,
guachamos al jefito

BURCIAGA '80

y nos ponemos trucha
y toriqueamos la mera neta:

Creo en el spirit
con todo y quebradas
y no lo tiramos al león.

Creo en la pinchi raza cósmica,
la remisión de pecosos y la llegada
del sexto sol en Aztlán.

Tan, tan, amén y con safos
esta oración jué acaba'a.

IV
Restless Serpents
1976

Letanía en caló

¡Ese!
>Ruega por nosotros

Jefito de Chuy
>Ruega por nosotros

Bato de Aquella
>Ruega por nosotros

Bato loco
>Ruega por nosotros

Bato escuadra
>Ruega por nosotros

Bato machín
>Ruega por nosotros

Bato alivianado
>Ruega por nosotros

Bato buti suave
>Ruega por nosotros

Bato que se manda
>Ruega por nosotros

Bato que se avienta
>Ruega por nosotros

Cuate de mi tierra
>Ruega por nosotros

Cuate de mi barrio
>Ruega por nosotros

Carnis de carnales
>Ruega por nosotros

Cholo de San Anto
>Ruega por nosotros

Cholo del Chuko
>Ruega por nosotros

Cholo de Sacra
>Ruega por nosotros

Cholo de Sanjo
>Ruega por nosotros

De las chingaderas
>Líbranos Señor

De los aracles
>Líbranos Señor

De los gabas
>Líbranos Señor

De la migra
>Líbranos Señor

De los tecatos
>Líbranos Señor

De lo gacho
>Líbranos Señor

De la jura
>Líbranos Señor

De los vendidos
>Líbranos Señor

Pinto de mi cora
>Líbranos Señor

Talón de mi cora
>Líbranos Señor

Jacalero de mi cora
>Líbranos Señor

Jefe de la divina tórica
>Líbranos Señor

Padrino del divino bolo
>Líbranos Señor

Bato de mi raza
>Líbranos Señor

¡Amén y con safos!

BURCIAGA '78 ©

One Bullfighter

One bull came out of the pen
drunk with roses
painted on his horns.

One bullfighter came out to the arena
drunk with nerves
painted on his eyes.

The bull failed
. . . dragging his nerves.
The bullfighter left
. . . dragging his roses.

His nerves on the horns.
His roses in his eyes.

Un Torero

Un toro salió del toril
embriagado de rosas
pintadas en sus cuernos.

Un torero salió a la arena
embriagado de nervios
pintados en sus ojos.

El toro falló,
. . . arrastrando sus nervios.
El torero salió
. . . arrastrando sus rosas.

Sus nervios en los cuernos.
Sus rosas en sus ojos.

In Commemoration of
The USA Bicentennial

Two-hundred years ago,
Kalaforña era California,
Texas era Tejas,
New Mexico era México,
Kolarrata era Colorado,
Aireezona era Arizona,
Nervada era Nevada,
two-hundred years ago,
the Southwest era el Norte

Two-hundred years ago,
Lossangelees era El Pueblo de Nuestra Señora, Reina de
Los Angeles,
Frisco era San Francisco,
Sanhosay era San José,
El Pasowe era El Paso del Norte,
Santone era San Antonio,
Sanclemenee era San Clemente,
Valencha Street era la Calle Valencia,
two-hundred years ago,
se hablaba español por acá.

Two-hundred years ago,
Washington, D.C. era un charco
y sigue siendo,
la bandera sólo tenía 13 estrellas,
y no había divisiones,
sólo ríos,
ríos que corrían,

BACA   Burciaga
8·3·81

corrían limpios two-hundred years ago.

Two-hundred years ago,
la migra no existía,
la gente cruzaba
sin mica ni miedo.

Two-hundred years ago,
el Comanche y el Apache,
el Navaho y el Chiricahua,
el Chumash y el Paiute,
no tenían reservaciones
porque el campo era libre
como el aire puro de
two-hundred years ago.

Two-hundred years ago,
no había migrants,
ni águilas negras,
sobre lunas blancas,
en sábanas de sangre,
porque no había gallos,

ni coyotes, ni perros,
ni uvas costrudas,
two-hundred years ago.

two-hundred years ago,
llegaban los cristianos,
el crucifijo alzado en la izquierda
y la escopeta en la derecha
a civilizar y educar
pero sólo conquistaron

two-hundred years ago.

Two-hundred years ago,
cometimos el pecado original
y nos echaron de Aztlán,
del paraíso perdido,
two-hundred years ago.

Berta Crocker's Bicentennial Recipe

Con tu filero,

✂ -

cut along the dotted line

Don't wait for the light to change to brown.

Adentro you will find
tres paquetes:
> One Red
> One White
> One Blue

Mézclalos . . .

> pero con huevos.

Stick it in the oven for 200 years,

Gobble, Gobble

In seventeen-seventy-something,
in search of a national symbol,
Benjamin Franklin strongly suggested
the turkey to be our national bird.

United States of America!
You are a turkey!

Gaba, Gaba

En mil setecientos-setenta y algo
en busca de un símbolo nacional,
Benjamín Franklin sugirió
al pavo como ave Nacional.

¡America! ¡America!
¡Eres puro guajolote!

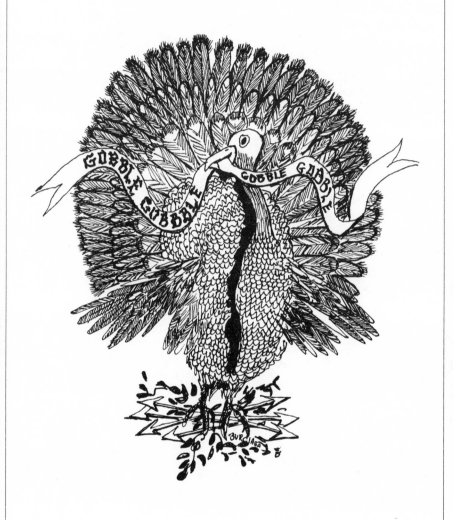

Soul Spirits

In the hope
one day he would come
to breathe the air
of a foreign world,
he began to swim
a staircase of water
and oxygen bubbles.

Soul spirits in the sea of thoughts
submerged a mixture
of forgotten sorrows
and worldly sins.

It was then
that he began
to contemplate his future.

Animas

En la esperanza
que algún día llegaría
a suspirar el aire
de un mundo extranjero,
comenzó a nadar
una escalera de agua
y globos de oxígeno.

Animas en la mar del pensamiento
sumieron una mezcla
de olvidadas penas
y pecados mundiales.

Fué entonces
cuando comenzó
a contemplar su futuro.

It's the Same Guy

It's the same guy,
el mismo bato,
el huero Felix de Aztlán
es el Wilfredo de Nueva Yoricua.

It's the same story,
la misma cosa,
allá que acá,
el huero Wilfredo
pagando las rentas
pa' que no mueran las ratas
of malnutrition or evacuation.

Pa' que las mamacitas
y sus pobrecitos
coman habichuelas y frijoles.

Porque el macho
se marchó marchitado
y desilusionado
en la sociedad y el sueño
of becoming a millonario
en la lotería
pa' salirse del barrio.

It's the same story,
la misma cosa,
except that you're over there
and we're over here.

Y la gente no puede, no puede,

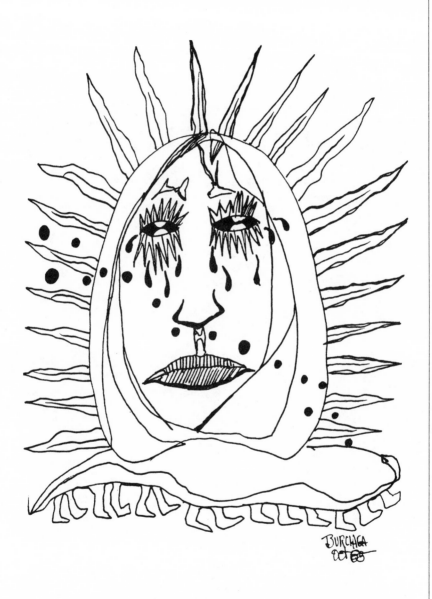

más que seguirle a la jeringa
cargada de monedas
for their vericose veins of hunger
porque la gente se adicta, se adicta.

Que'n lugar de jales y escuelas
nos mandan al huero Felix,
Wilfredo y Welfare,
que es uno y el mismo.

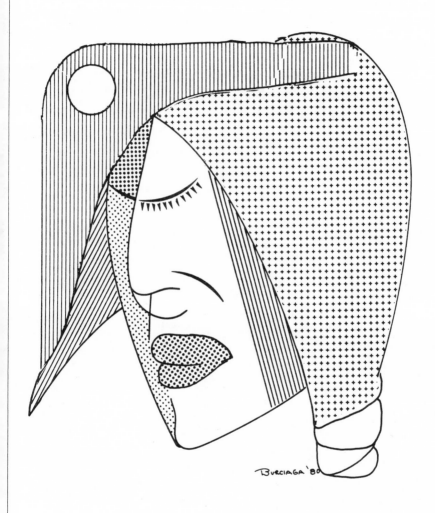

Pachuco

Las tablitas tenían chain,
la lisa un color azulillo,
los tramos de kaki,
y un cinto de vaqueta plateada
le adornaba la cintura
de donde le caiba
el tiempo en la bolsa.

Su melena brillaba
como un vestigio
de un perfumado
antepasado
olvidado por todos
menos ese bato loco.

Caminando por la calle
el pavimento le cacheteaba
las suelas de sus calcos
y le ardía aquel calor del barrio.

Andando por las calles
pasaba las sombras de mil crusificos
cargados de llamadas de larga distancia.

Lucía un crusifico
en una cadenita
que le había regalado su jefita
y otro crusifico llevaba
en la loma de su mano
como una estigma de su honor.

c/s   Tres Batos Locos   Burciaga '76

El bato era abusadillo,
no buscaba pedo.

Se juntaban en la esquina
se sentaban en cuclillas
toriqueando y haciéndola.

Entonces no había la Y
ni LULAC, ni MAUC, ni MEChA.

Pero no había pedo,
hasta que no llegaban los perros,
al dar la vuelta,
la jura enfrenaba,
se encachuchaban
se alzaban sus calcetas
y sus cojones se volvían canicas de acero.

La jura la hizo de sastre
y la ley les cayó a mala medida,
for loitering, por mal gastar el tiempo.

y la ley les cayó a mala medida
for loitering,
por malgastar el tiempo.

The Truth

The truth is that I tire,
I tire of yelling,
I tire of writing,
I tire of painting,
but know nothing except
to yell, write and paint.

The truth is I dreamt,
that after the revolution
I awoke with a hangover
and a dry tongue,
in search of a menudo.

I dreamt that after the revolution,
the guerrillas went to the lockers
to change clothes.
Today they are reformists.
Mañana serán conservadores.

The truth is,
El Movimiento is just another word
for revolution.

One asks another, "What will happen with the Alamo?"

The truth is,
the Alamo already happened.

The truth of the reality
is found within the womb
and the wind lulls it.

The truth is no longer sought,
the cadaver is classified in the index
and can be found on page twenty-seven.

They erected a statue in the plaza,
dedicated to la raza.

The truth is, the birds need
a where to rest and undo themselves.

Yesterday they finished a mural
and that sterile box
has been converted into a kaleidoscope.

The sun allows us to see the horizon.
The truth is that the horizon is our limit
and the sun hides our stars.

The truth is that I tire,
I tire of yelling,
I tire of writing,
I tire of painting,
but I know nothing except to yell,
write and paint.

La verdad

La verdad es que me canso.
me canso de gritar,
me canso de escribir,
me canso de pintar,
pero no se más que gritar,
escribir y pintar.

La verdad es que soñé,
que después de la revolución,
amanecí crudo
y con la lengua seca,
en busca de un menudo.

Soñe que después de la revolución,
los guerrilleros se fueron a los lockers
a cambiarse de ropa.
Hoy son reformistas.
Tomorrow they will be conservatives.

La verdad es,
el movimiento is just another word
for revolution.

Se pregunta uno al otro — ¿Que se hará con el Alamo?
La verdad es,
que el Alamo ya se hizo.

La verdad de la realidad
está sometida dentro del vientre
y el viento la arrulla.

La verdad ya no se busca,
el cadaver está clasificado en el índice
y se puede encontrar en la página veintisiete.

Erigieron una estatua en la plaza,
dedicada a la raza.

La verdad es que la aves necesitan
donde descansar y donde deshacerse.

Ayer terminaron un mural
y aquella caja esteril
se ha convertido en un caleidoscopio.

El sol nos deja ver el horizonte.
La verdad es que el horizonte es el límite
y el sol nos tapa las estrellas.

La verdad es que me canso,
me canso de gritar,
me canso de escribir,
me canso de pintar. . .
pero no se más que gritar
escribir y pintar.

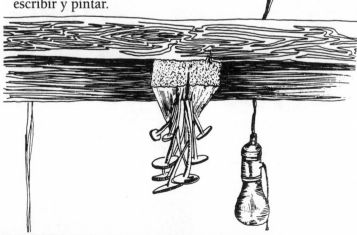

Notes – Notas

P. 2

Cobalt Blue was originally written in English, January 1991. In the process of producing social conscience art I often question what I do when my work, visual or literary, does not reach my own expectations or an audience. Many would rather not confront uncomfortable truths. Art does not have to be beautiful. The theme in this poem is similar to the last poem in this book, written in 1975.

P. 3

Azul cobalto, originalmente escrito en inglés, enero, 1991. En el proceso de producir arte de conciencia social, me pregunto si vale la pena cuando mi obra no llega a donde espero, o a un auditorio, cuando muchos preferirían no confrontar verdades incómodas. El arte no es necesariamente bello. El tema de este poema es parecido al último en este libro, escrito en 1975.

P. 4

Breaching 50, was originally written in English in the Spring of 1990 just before the summer of my 50th year. Inspired as I urinated, slightly mellow, looking at the urine swirl down seven small black holes and realizing that death is contagious, breaching, breaking out of life. Everybody gets it.

P. 5

Brechando 50, originalmente escrito en inglés en la primavera de 1990, poco antes del verano de mis 50 años. Inspirado cuando orinaba, un poco sazonado, al ver el remolino de orín entrar por siete agujeros y dándome cuenta de que la muerte es contagiosa, brechando, quebrando la

vida. Todos la consiguen.

P. 6

Mexico, Loved and Surreal, originally written in Spanish, September 1990, this powerful experience occurred on a trip to Mexico and made me realize how surrealistically magic or magestically surrealistic Mexico is. I often cross the bridge to surrealism and then refuse to return. In death, my father has become more real and powerful. I see him in many places as I see him in me everytime I do something he taught me or that I look more like him as I grow older, all the way to death .

P. 7

México, querido y **surreal**, originalmente escrito en español, en septiembre del 1990, esta fuerte experiencia ocurrió en un viaje a México y me hizo darme cuenta de cuanta magia surrealísta existe en México. A veces cruzo el puente al surrealismo y después no regreso. Ya fallecido, mi padre ahora se encuentra en mi vida con más presencia y fuerza. Lo veo en muchos lugares así como lo veo en mí cada vez que hago algo que él me enseñó o al ver que me voy pareciendo más a él entre más viejo me pongo, hasta llegar a la muerte.

P. 8

Bilingual Love . . . , was written bilingually in April 1990. Many English and Spanish words look alike in shape and form but they don't have the same meaning. Or do they? Through this poem I discover the similarity between sonrisa and sunrise.

P. 9

Poema de amor bilingüe, originalmente escrito en dos

idiomas, abril de 1990. Tantas palabras del español y el inglés se parecen en forma pero no tienen el mismo significado. ¿O sí? Con este poema descubro la semejanza entre sunrise y sonrisa.

P. 10

Stammered Dreams, written 3 May 1986, but I no longer remember if in Spanish or English. As simple as it may seem now, this poem took at least ten years to flower before writing it down. It was highly inspired by a salsa Spanish song where the singer would stammer only to form different words, such as nana in na-na-nación. A Nana is a nanny as a nation is a nanny. This is my most successful poem in English and Spanish. It was first read at a Chicano Literary Critics Conference on 27 May 1987 at Stanford University and received very high compliments from many literary people there, including Professors Dianne Middlebrook and Arturo Islas of the Stanford English Department, Juan Felipe Herrera, José Montoya, Lorna Dee Cervantez among others. In Mexico, poeta Alberto Blanco paid it the highest compliment as the most moving poem he had ever heard. The poem was also read at a Poetry for Peace reading organized by Denise Levertov, who called it an incredible poem. I apologize for this self indulgence, aware of my limitations. In México, a woman poet described it as the voice of the Chicano unable to express himself or herself. I agree, but my primary objective was in describing the frustrating exasperation of life in this day and age. This poem is also a way of using syntax to show my personal frustration in trying to express myself when words are never enough. Here I would stress that this poetry has more life in voice than on a silent page. Published in Siempre, Mexico, 11 December 1987 and Quarry West #26, U. of CA., Santa Cruz, CA., 1989.

P. 11

Sueños tartamudos, escrito el Mayo de 1986 pero no recuerdo en qué idioma lo escribí primero. Este poema lo llevé por diez años en mi mente antes de que floreciera y lo escribiera. Fue inspirado en gran parte por una canción salsa en español donde el cantante tartamudeaba para formar nuevas palabras como "nana" de "na-na-nación". Este poema es el de mayor éxito que he escrito en inglés o en español. Lo leí por primera vez el 27 de Mayo de 1987 en una conferencia de literatura chicana en Stanford University y recibió elogios de varias distinguidas personas de la literatura, como la profesora Dianne Middlebrook y el autor Arturo Islas, del Departamento de Inglés en Stanford University, Juan Felipe Herrera, José Montoya, Lorna Dee Cervantez y Francisco Alarcón. Lo leí en un recital de poesía para la paz, organizado por la reconocida poeta Denise Levertof, quien le llamó un poema increíble. El poeta mexicano Alberto Blanco le dio el elogio más grande al decir que jamás le había conmovido un poema como este. Reconociendo mis limitaciones, pido perdón por este desenfreno propio. En México, una poeta lo describió como la voz del chicano que no puede expresarse. De acuerdo, pero mi primer objetivo fue describir la frustración y desesperación de hoy día. También mi frustración personal al intentar de expresarme cuando las palabras no son suficientes. Aquí quisiera enfatizar que mi poesía tiene más vida en voz alta que en la página muda. Publicado en Siempre, México, 11 Diciembre,1987 y Quarry West #26, Santa Cruz, CA, 1989.

P. 12

The Freeway Not Taken, originally written in English, in 1986, with respect and apologies to Robert Frost and his

"The Road Not Taken." From a constant fascination with British-American literature, I eventually begin to see the work from my own political and cultural perspective not as humor or satire but the irony of another culture or people confronted with the same predicament. Published in Vía Aztlán, San Antonio, TX,, circa 1987.

P. 14

La autopista no tomada, originalmente escrito en inglés en 1986. Con todo respeto y disculpa a Robert Frost y su El Camino no Tomado. De una fascinación constante con la literatura clásica inglesa-americana, comienzo a verla por medio de mi propia perspectiva política y cultural, no como humor o sátira sino con la ironía de otra cultura o pueblo confrontado con el mismo problema. Publicado en la revista Vía Aztlán, San Antonio, TX, circa 1987.

P. 16

After Aztlán, was written in English, circa 1987 after a call for essays or other literature on the subject and concept of Aztlán by Rudolfo Anaya of New Mexico. Aztlán is the ancient Nahuatl term applied to what is now the U.S. Southwest from where the Aztecs set out to found the Valley of Mexica and Tenochtitlan. This term and concept of a new Chicano nation was very popular during the Chicano movement.

P. 17

Después de Aztlán, escrito en inglés, circa 1987, para un proyecto de Rudolfo Anaya de Nuevo México quien pedía de escritores chicanos que realizaran ensayos y obras literarias sobre el tema y concepto de Aztlán, el antiguo término Náhuatl que designaba lo que ahora es el suroeste de los Estados Unidos de donde los aztecas salieron a fundar el Valle de México y Tenochtitlan. Este término y concepto de una nación chicana fue popularizado durante el

movimiento chicano.

P. 18

Lo del corazón, was written bilingually, this poem is associated with an 1986 Chicano art exhibit of the same name on the subject of hearts. This exhibit opened in San Francisco's Mexican Museum and toured the Southwest. For this exhibit I painted and exhibited Amor Indocumentado, which is on the cover of this book and the title to this poetry collection. Professor Tomás Frausto-Ybarra, who helped curate the exhibit and edited the catalogue requested that artists submit their thoughts on el corazón. This was my submission, impossible to translate.

Lo del corazón, escrito en dos idiomas, este poema está asociado con una exposición de arte chicano en 1986 que tuvo el mismo nombre del poema, sobre el tema de corazones. Esta exposición se abrió en el Mexican Museum de San Francisco y siguió por el suroeste. Para esta muestra, pinté y exhibí Amor Indocumentado ahora en la portada de este libro. El profesor Tomás Frausto-Ybarra, quien editó el catálogo pidió que artistas sometieran sus pensamientos sobre lo del corazón. Esto fue lo que escribí, una corriente de conciencia e imposible de traducir.

P. 22

Through Time and Space, was written in English in 1987. These are cultural and political translations of Spanish names used throughout the Southwest; and likewise, from English to Spanish, from space to space. The humor is meant to be ironic and painful.

P. 23

Por el tiempo y espacio, escrito en inglés en 1987. Estas

son traducciones culturales y políticas de terminos españoles por todo el suroeste y asimismo, del inglés al español. El humor en este poema esta basado en la ironía y el dolor.

P. 24

¿Qué pasó?, was written in English in 1985. For the longest time I have thought about and created other art work, such as drawings and altars in honor or these four Texanos, victims of race violence during the seventies. These four individuals, Ricardo Morales, Larry Lozano, Joe Campos Torres and 12 year old Santos Rodríguez were killed in different parts of Texas by law "enforcement" authorities in the execution of their racist duty. While so many other Chicanos were also killed, these were the most sensationally known.

P. 26

¿Qué pasó?, escrito en inglés, 1985. Por mucho tiempo he pensado sobre éstas víctimas, y he producido obras de arte como dibujos y altares en honor de estos cuatro texanos, víctimas de la violencia racista durante los setenta. Estos cuatro individuos: Ricardo Morales, Larry Lozano, Joe Campos Torres y Santos Rodríguez, de 12 años de edad, fueron asesinados en diferentes partes de Texas por autoridades en la ejecución de su deber racista. Muchos otros chicanos también fueron asesinados pero estos han sido los más sensacionalmente conocidos.

P. 28

Sister María de la Natividad Burciaga Zapata, was originally written in English in 1984. My aunt, Tía Nati, died as a result of her brother, my father. He was gravely ill when Tía Nati offered her life to God in exchange for my father's health. "He has a whole family. I'm only myself, a nun in a convent." My father recuperated and got well while my Tía Nati, who

was also my godmother, began to get ill and worsened until she died and my father lived for a few more years. She did lose her mind in the process and slept under the bed speaking in strange tongues.

P. 29

Sor María de la Natividad Burciaga Zapata, originalmente escrito en inglés, 1984. Mi tía Nati murió a consecuencia de una enfermedad que su hermano, mi papá, tenía. Mi papá estaba gravemente enfermo cuando mi tía Nati le ofreció a Dios su vida por la de mi papá. "El tiene toda una familia mientras que yo soy sola, monja en convento". Mi tía Nati comenzó a enfermarse y empeoró hasta morirse mientras que mi papá comenzó a aliviarse. Tía Nati, también fue mi madrina de bautizo. Ella perdió la mente en el proceso de la enfermedad y dormía bajo la cama hablando en idiomas extraños.

P. 30

Modismos, was written bilingually in 1980 and inspired by Puerto Rican poet and friend, Victor Hernandez Cruz, who has a poem on herbs and their cures. The proverb changes meaning when carried to the humorous extreme of another culture's perspective. Published in Coastlight an anthology of Palo Alto, California poets, 1981.

Modismos, escrito en los dos idiomas, 1980, este poema fue inspirado por el amigo y poeta Víctor Hernández Cruz, quien tiene un poema sobre yerbas y sus propiedades curativas. El significado de estos modismos cambia cuando son llevados al extremo humorístico de otra perspectiva cultural. Publicado en Coastlight, una antología de poetas de Palo Alto, CA., 1981.

P. 34

Poem Number Seven, was first written in Spanish and caló, 1985. It is difficult to translate because of the caló words. Thus it became an enjoyable task finding and choosing words with similar or strange English meanings. In Chicano talk, many times we translate the untranslatable, e.g., te aventaste means "you did well" but literally translates to "you threw yourself" which we often say among ourselves. Aliviánar is a rarely used verb form of the Spanish word aliviar, to get well. Aliviánate is a way of telling someone to "lighten up" — alleviate oneself. The poem speaks about the intimidating stance and attitude of the cholo and the pachuco as a defense mechanism. Some cholos, like so many other people, can be intimidating and scared at the same time.

P. 35

Poema número siete, primeramente escrito en español y caló, 1985. Este poema, difícil de traducir al inglés por sus palabras en caló, se convirtió en un trabajo divertido encontrando y escogiendo palabras en inglés con significados similares o raros. Los chicanos, muchas veces traducen lo que no se puede traducir, e.g., te aventaste quiere decir lo hiciste muy bien pero al traducir al inglés you threw yourself tiene el significado de tirarse uno mismo con todo y cuerpo, y así se usa. Aliviánar viene de aliviar y en inglés alleviate no tiene el mismo significado. Sin embargo, este poema habla de la postura y actitud intimidante del cholo y el pachuco como mecanismo defensivo. Muchos de ellos, como muchos de nosotros, intimidan al mismo tiempo que tienen miedo.

P. 36

Poem Number Eight, first written in Spanish in 1985, is about the all-American pie-in-the-sky being nothing more

than muddied dreams, mixing of cultures, breaking barriers.

P. 37

Poema número ocho, primeramente escrito en español, 1985, sobre los pasteles all-American hechos en el cielo, que vienen siendo de lodo como sueños enlodados, mezcla de culturas, quebrando barreras.

P. 39, 40

Poem In Three Idioms And Caló, written in three languages in 1977, was a first prize, $100 winner of a three language poetry contest by Caracol, a former Chicano literary magazine out of San Antonio, Texas. The contest was conceived by publisher and editor Cecilio García-Camarillo and his wife Mía while looking for a Nahuatl name for their child, Itzolin. They discovered a wealth of new words from the ancient past. The contest was judged by the editors of Caracol along with Tomás Rivera, Angela de Hoyos, Max Martinez and Evangelina Vigil among others. Winning first place seemed like a fluke because it was written in less than 15 minutes and submitted in handwritten form without keeping a copy. I entered the contest only after being urged several times to submit something. Published in Nahualliandoing, Caracol, 1977, San Antonio, TX.; Linguistics for Students of Literature by Elizabeth Closs Traugott and Mary Louise Pratt as an example on the evolution of language (Harcourt Brace Jovanovich, 1980), also published in Drink Cultura Refrescante by Mango Publications,1980.

P. 41

Poema en tres idiomas y caló, escrito en tres idiomas y caló, 1977. Ganó primer premio de $100, de un concurso

poética de Caracol: revista literaria chicana en San Antonio, Texas. El concurso fue concebido por el publicador y editor Cecilio García-Camarillo y su esposa Mía mientras buscaban un nombre nahuatl para su hijo, Itzolin. Descubrieron una riqueza de nuevas palabras del antiguo pasado. El concurso fue juzgado por los editores de Caracol y entre otros, por Tomás Rivera, Angela de Hoyos, Max Martínez y Evangelina Vigil. Este poema ganó el primer lugar de chiripa porque lo escribí en menos de 15 minutos y fue sometido al concurso escrito a mano y después de ser invitado insistentemente. Publicado en Nahualliandoing, Caracol, 1977, San Antonio, TX, Linguistics for Students of Literature by Elizabeth Closs Traugott y Mary Louise Pratt como ejemplo sobre la evolución del lenguaje y también en Drink Cultura Refrescante por Mango Publications, 1979.

P. 42

To Mexico With Love, was written in Spanish in 1977 and was inspired by Sor Juana Ines de la Cruz's poem, "Hombres necios . . . " This is a litany of reasons why so many of us and our ancestors left Mexico. For too long and even when this poem was written, the Chicano, Mexican-American, was accused by Mexicanos of being a traitor, of having abandoned the mother country, of assimilating into the Anglo-American culture, of forgetting Spanish, without knowing the reasons or the oppression on both sides of the border. Too many times the Chicano has lashed out at the British-American without taking into consideration the blame that is Mexico's. Unfortunately, it was not until Mexico's economic and soul-shaking disasters of the eighties that made them realize the dilemma of the Chicanos and their new found power. This poem was turned into an article, found in

Weedee Peepo, a collection of my essays It was also published by Escolios, CSU., Los Angeles, Vol. 3, No. 1 & 2, May-Nov 1978, and El Sol Veracruzano, Xalapa, Veracruz, circa 1986.

P. 43

Para México con cariño, escrito en español, 1977. Esta es una letanía de razones por las cuales tantos de nosotros, nuestros padres y abuelos salieron de México. Por mucho tiempo, los mexicanos acusaban al chicano, mexicano-norteamericano de ser traidor, de abandonar la madre patria, y de asimilarse a la cultura inglesa-americana, sin tomar en mínima consideración las razones o la opresión que pueden recibir de los dos lados. Demasiadas veces el chicano ha acusado al angloamericano sin considerar en lo mínimo, la culpa que tuvo México. Desafortunadamente, no fue hasta que México sufrió una crisis económica y moral en los ochenta que comenzó a darse cuenta del dilema del chicano y de su nuevo poder en este lado. Este poema fue convertido en un artículo que ahora se encuentra en Weedee Peepo, una colección de ensayos. Este poema también fue publicado por Escolios, CSU., Los Angeles, Vol. 3, No. 1 & 2, Mayo-Nov.1978 y El Sol Veracruzano, Xalapa, Veracruz, circa. 1986.

P. 44

Everything Fits In A Sack . . . , was written in Spanish in 1980, whilehaving a flat tire changed in some Northern California service station. Spontaneously but with a surrealistic attitude, I composed this poem from a well known Spanish proverb my mother would use everytime she saw us packing and we didn't want to take too much. .

Todo cabe en un costal . . . , escrito en español, 1980. Mientras esperaba que me compusieran una llanta en una

estación en el norte de California, espontáneamente pero con una actitud surrealista, compuse este poema de un conocido dicho que mi mamá nos decía cada vez que nos veía empacar y no queríamos llevar mucho.

P. 46

Redwood City, was written in English in 1980. Middlefield Road in Redwood City used to be a white working class neighborhood with cowboy bars, such as the Wagon Wheel or Tortilla Flats. Almost overnight, the neighborhood became a barrio. The names of the restaurants and bars changed to El Bracero, El Tenampa, El Jilguero or Nuevo Michoacán. Youth began to appear in the streets without a place to go. Mexican figures now walk the streets: men with Michoacán style hats and women with shawls, the majority from the town of Aguililla, Michoacán.

P. 48

Madera Roja, escrito en inglés, 1980. Antes, la Calle Middlefield en Redwood City era una vecindad de clase trabajadora con cantinas estilo cowboy, como el Wagon Wheel o Tortilla Flats. Casi del día a la noche, la vecindad se convirtió en barrio. Los nombres de los restaurantes y bares cambiaron a El Bracero, El Tenampa, El Jilguero o Nuevo Michoacán. Jóvenes comenzaron a aparecer en las calles sin tener a dónde ir. Hoy, figuras mexicanas caminan las calles: hombres con sombreros estilo Michoacán y mujeres con chales; la mayoría son del pueblo de Aguililla, Michoacán.

P. 50

Saint Valentine, was written in English in 1980, for a St. Valentine's day poetry reading at Stanford University's El

Centro Chicano. The poem is about the passionate love of three men, the likes of which we no longer see: Valentín de la Sierra, Liberty Valance, and Richie Valens. Published in Metamorfosis, U. of Washington, Seattle, WA., 1980.

P. 51

San Valentín, escrito en inglés, 1980, para una lectura de poesía en el día de San Valentín, en El Centro Chicano de Stanford University. Trata sobre el amor apasionante de tres hombres: Valentín de la Sierra, Liberty Valance y Richie Valens. Publicado en Metamorfosis, U. of Washington, Seattle, WA., 1980.

P. 52

Emilia, was written in Spanish, circa 1980, recounting a telephone call from my comadre poeta, Emy López. Published in Siempre, México, 11 Dec., 1987 and Denver Quarterly, Fall, 1981.

P. 53

Emilia, escrito en español, circa 1980. Recontando una llamada telefónica de mi comadre poeta, Emy López. Publicado en Siempre, p.52, México, 11 Dic., 1987, Denver Quarterly, Otoño, 1981.

P. 54

El Juan From Sanjo, was written bilingually, circa 1983 and recounts telephone calls from Juan de la Cruz Cuellar, a San José Chicano writer who spent a great number of his 53 years behind bars for petty marijuana usage. Well read and with much dignity and integrity, Juan was a good friend to many San José artists and poets. An article on him and his death entitled "Cruz Control" is found in the book Weedee Peepo. This poem published by Siempre, México, 11 Dec.

1987 and by Imagine, Vol. 1, No. 2, Boston, MA., Winter 1984.

P. 55

El Juan de Sanjo, escrito en dos idiomas,1983. Recontando llamadas telefónicas de Juan de la Cruz Cuellar, un chicano de San José que vivió la gran parte de sus 53 años encarcelado por ofensas pequeñas de uso de marijuana. Inteligente y muy instruído por tanto que leía, Juan era digno e íntegro. Fue buen amigo de muchos artistas y poetas de San José. Un artículo sobre él y su muerte titulado Cruz control se encuentra en el libro Weedee Peepo. Poema publicado en Siempre, México, 11 Diciembre, 1987; e Imagine, Vol. 1, No. 2, Boston, MA, Invierno,1984.

P. 56

Río Grande, was written in English in 1980 and records the history and memories of el Río Grande, Río Bravo, from crossing the bridge daily, wading in it, floating down on it and aware of so many people who crossed it for many reasons or drowned in it or never crossed it again. This is a third version of the poem, originally published in Drink Cultura Refrescante, Mango Publications, San José, 1980; and Canto Al Pueblo, Corpus Christi, Tx.,1980.

P. 58

Río Grande, escrito en inglés, 1980. Historia y recuerdos del Río Grande, Río Bravo, cruzando los puentes, vadeando, flotando en él, y consciente de la gente que lo cruza por muchas razones o se ahogan en él o jamás lo vuelven a cruzar. Esta es la tercera versión de este poema, originalmente publicado en Drink Cultura Refrescante, Mango Publications, San José, 1980.

P. 60

Without Apologies, was written in English, 1979, in memory of a 16-month isolation in the small town of Mineral Wells, Texas (from November 1968 to February 1970), where I worked as an illustrator for the Army Department at Fort Wolters. This was a painful experience living in isolation surrounded by racists in the only job I could find as an inexperienced illustrator. From there my only ticket out was offered by the CIA, to work as an illustrator for the National Photographic Interpretation Center. This poem is dedicated to Evelyn Ruiz Calvillo, the only true friend who communicated with me through letters during this time. It was published by Revista Chicano-Riqueña, U. of Houston, Summer 1980.

P. 62

Sin disculpas, escrito en inglés, 1979, recordando 16 meses de aislamiento y racismo en el pequeño pueblo de Mineral Wells, Texas (de Noviembre 1968 a Febrero 1970), donde trabajé como ilustrador con el Army Department en Fort Wolters. Este poema está dedicado a Evelyn Ruiz Calvillo, la única verdadera amistad que se comunicaba conmigo por medio de cartas durante este periodo. Publicado en la Revista Chicano-Riqueña, U. of Houston, verano,1980.

P. 64

Dear Max, is a letter in poetic form written in English, 1979, to friend and author, Max Martínez who helped edit a special anthology of art, poetry, short stories, interviews, titled "Los Texanos" for Revista Chicano-Riqueña, U. of Houston, TX., Summer, 1980.

P. 66

Estimado Max, carta escrita en forma poética, en inglés,

1979, al amigo y autor, Max Martínez quien editó una antología especial de arte, poesía, cuentos y entrevistas, titulada Los Texanos para Revista Chicano-Riqueña, U. of Houston, verano, 1980.

P. 70

Letter to Yvonne, another letter written bilingually, 1980, in poetic form to friend and Professor Yvonne Yarbro-Bejarano, then editor of Metamorfosis, a Chicano literary magazine of the University of Washington, Seattle, WA.

P. 71

Carta a Yvonne, carta escrita en forma poética, 1980, en dos idiomas a la amiga y profesora Yvonne Yarbro-Bejarano, en ese tiempo editora de Metamorfosis, revista literaria chicana de la University of Washington, Seattle, WA.

P. 72

Letter to Gato & Margie, is a poetic form letter in caló, written to Juan Felipe Herrera and Margie Robles, circa 1985. This poem is literally translated to English from caló: carnavales, which is a caló way of saying carnales (brothers) is literally translated to carnivals; nos vidrios (see you later) to ". . . glass each other." From the absurd, Chicano surrealism.

P. 73

Carta al Gato y la Margie, en forma poética a Juan Felipe Herrera y Margie Robles. Escrita en caló , 1985 y literalmente traducida al inglés: traducir carnavales, que viene del caló carnales — hermanos — a carnivals; nos vidrios (hay nos vemos) a glass each other. De lo absurdo al surrealismo chicano. Algunas palabras no son del caló, sino términos antiguos que todavía se utilizan acá, como el antiguo haiga en lugar del moderno haya.

P. 74

Footnote a Juan Felipe, a footnote to a letter to Juan Felipe (circa 1983), who was living in San Francisco's Mission District, was published in Siempre, Mexico,D.F., 11 Dec. 1987.

P. 75

Anotación a Juan Felipe, de una carta escrita para el amigo poeta Juan Felipe en 1983. El vivía en el distrito de la Misión en San Francisco. Publicado en Siempre, México, D.F.,11 Dic. 1987.

P. 78

Letter to the General, written in English, 1981, is a response to a letter-writing campaign protesting U.S. involvement in El Salvador. I wrote this poetic diatribe to then Secretary of State Alexander Haig, who was also a General, and in return received a form letter response from one of his undersecretaries, which appears after the poem.

P. 80

Carta al General, escrita en inglés, 1981, en respuesta a una campaña de cartas protestando la política de los Estados Unidos en El Salvador dirigida al entonces Secretario de Estado, Alexander Haig, quien también era general. Recibí respuesta de uno de sus subsecretarios. La misma respuesta que mandan a todos, aparece después del poema.

P. 84

El Salvador War News, written in English, 1985, was inspired by television war news on Centroamérica.

P. 85

Noticiero de guerra de El Salvador, escrita en inglés, 1985, conmovido por los reportajes televisados de la guerra

salvadoreña.

P. 86

Huitzilopochtli, written in English, 1985, is another Central American war poem. Huitzilopochtli was the Aztec deity of war, to whom human sacrifices were offered. For thought or discussion: What is the difference between Huitzilopochtli and the Pentagon?

P. 87

Huitzilopochtli, escrito en inglés, 1985. Otro poema acerca de la guerra en Centroamérica. Huitzilopochtli es la deidad azteca guerrera, por quien se ofrecían sacrificios humanos. Para reflexión o discusión: ¿Cuál es la diferencia entre Huitzilopochtli y el Pentágono?

P. 88

Generic Poem . . . , written in English, 1986, self-explanatory through the title, was rewritten and retitled for the war against Iraq.

P. 89

Poema Genérico . . . ,escrito en inglés, 1986, y explicado por el título, fue reescrito y retitulado para la guerra contra Iraq.

P. 90

4 February 1991 . . . , was originally written in English after reading an article in La Nación, a Mexico City newspaper on the burial of Arthur Garza. Also inspired by a very ancient Spanish children's song entitled "Mambrú": "Mambrú went off to war, what pain, what pain, what sorrow . . ."

P. 91

4 de Febrero de1991 . . . , fue originalmente escrito en inglés después de leer en La Nación, un periódico de la

Ciudad de México, sobre el entierro de Arthur Garza. También inspirado por la muy antigua canción para niños, Mambrú: "Mambrú se fue a la guerra, qué dolor, qué dolor, qué pena . . ."

P. 92

Litany for Peace, was written in English, January 1991, the day the war started with Iraq, for Stanford University Poetry for Peace reading on Martin Luther King Jr's birthday. The impossibility of translating Letanía en Caló and the desire to create a multicultural litany inspired this poem.

P. 93

Letanía por la paz, escrita en inglés, en enero de l991, el día en que comenzó la guerra con Iraq, para un recital de poesía para la paz, el día de Martin Luther King, Jr. La guerra, la imposibilidad de traducir Letanía en Caló, más mi deseo de crear una letanía multicultural fueron las fuentes de inspiración.

P. 96

Skool Daze, written bilingually, 29 September 1976, recalls anecdotes of grade school days, was published in Drink Cultura Refrescante, Mango Publications,1980.

P. 98

Recuerdos del mareo escolar, escrito en dos idiomas el 9 de septiembre de 1976, recordando anécdotas de la escuela primaria. Publicado en Drink Cultura Refrescante, Mango Publications,1980.

P. 100

There's a Vulture, was written in English, 1979, in Silicon Valley, California. Working as an illustrator at ISS Sperry Univac I overheard two Yuppie Anglo males talking

about where the best burritos were found. One of them explained where and said, "Their burritos are good, but the neighborhood leaves something to be desired," published in Drink Cultura Refrescante, Mango Publications, 1980.

P. 102

Hay un buitre, escrito en inglés, 1979, en Silicon Valley, California. Empleado como dibujante técnico con ISS Sperry Univac escuché a dos jóvenes inglés-americanos platicando sobre dónde se vendían los mejores burritos. Uno explicó donde y dijo, "Los burritos son sabrosos pero la vecindad deja demasiado que desear." Publicado en Drink Cultura Refrescante, 1980.

P. 104

Green Nightmares, written in Spanish, 1977, was satirically inspired by Federico García Lorca's poem, Romance Sonámbulo. Published in Drink Cultura Refrescante, 1980.

P. 106

Pesadillas verdes, escrito en español, 1979, Satíricamente inspirado por el poema de Federico García Lorca, Romance Sonámbulo. Publicado en Drink Cultura Refrescante, 1980.

P. 108

Litany for the Tomato, written in Spanish, '76, and published in Drink Cultura Refrescante, 1980.

P. 109

Letanía al tomate, escrito en español en 1976 y publicado en Drink Cultura Refrescante, 1980.

P. 110

El Credo de Aztlán, was written in caló, in 1976, as a fol-

low up to Letanía en Caló, no translation possible. It was published in Drink Cultura Refrescante and ¡Dále Gas!, Aug 1977, Contemporary Arts Museum, Houston, Texas.

El credo de Aztlán, fue escrito en caló, 1976, traducción imposible. Publicado en Drink Cultura Refrescante y ¡Dále Gas! agosto 1977, Contemporary Arts Museum, Houston, Texas.

P. 116

Letanía en Caló was written in caló, 1974, translation impossible. Originally, I carried it in my mind for approximately six years trying to figure out how to use caló in a litany. The idea was inspired by Ruben Dario's "Letanía al Sr. Don Quixote", and recalling the letanías in church, Catholic school, at Mexican wakes for relatives in Juárez and the way batos locos" talk and pray in prison and in the barrios. At first I couldn't get past six lines until one day, in 1974, it came with a torrential rain of caló words I had always known but couldn't put together. In 1976, I read it before 800 people at a National Chicano Conference in Salt Lake City, Utah, with El Teatro de La Gente of San José and it caused a small sensation as I was dressed like a priest. The first couple of years when reading this poem, I would dress as a priest and people would become confused, insulted, or laugh. Once on live television, a Ballet Folklorico group that had been reciting the responses walked out on me when they realized this was a satire on religion, so I finished giving the responses. On one occasion in downtown San José, I was mistaken for a priest and had to give spiritual advice to one homeless man, one elderly man and a young woman concerned that her sister refused to baptize her child. I told her to baptize the child herself. For their sake, played the

role of the priest so as not to further complicate their lives. But I never again went out in public dressed as a priest. This litany is not only a satire, but, it is also a very real theology of liberation. Many people throughout the Southwest actually pray using caló. It is a liberation theology that brings the very basics of communication relating the spiritual to the physical world. As a child I attended many family wakes in Ciudad Juárez, Mexico where my mother would always lead the prayers. We would surround a casket that usually occupied the middle of a tiny ill-lit living room or bedroom. I also performed a similar humorous litany with Culture Clash, in English, and fit it to specific audiences in New York, San Antonio, Los Angeles, San Francisco and other cities. Published in El Grito, 1975; Restless Serpents, Diseños, Menlo Park, CA., 1976; La Semana de Bellas Artes, México, D.F., June 1980.

Letanía en Caló, escrito en caló, 1974, traducción imposible. La idea fue inspirada por la Letanía al Señor Don Quixote de Rubén Darío. Duré aproximadamente seis años en escribir este poema, llevándolo en mi mente tratando de imaginar cómo poder utilizar caló en una letanía, acordándome de las letanías en Ciudad Juárez y de las que escuchaba en la iglesia y en escuela católica. Al principio no podía llegar a más de seis versos en caló. Un día en 1974 me llovió un chubasco de palabras en caló que ya sabía pero que hasta ese momento no había podido interpretar religiosamente. Quizá no fue tanto el proceso de hacerlo sino quebrar esa barrera mental entre la religión y la vida cotidiana del bato loco. En 1976, lo leí frente a 800 personas en una conferencia nacional de chicanos en Salt Lake City, Utah con el Teatro de La Gente de San José, vestido como cura, cosa que causó pequeña sensación. Los primeros años cuando leía

este poema me vestía de cura y la gente se confundía, se sentía insultada o se reía. Una vez en televisión, un grupo de jóvenes de un ballet folklórico se dieron cuenta que la letanía estaba en caló. Uno por uno se fue dando cuenta, de hincados se pararon y me abandonaron. Tuve que terminar las respuestas yo mismo y después descubrí mi carro dañado. En otra función con el Teatro de la Gente de San José, California, había salido a comer al centro, entre presentaciones, vestido de cura. La gente me saludaba con mucho respeto y tuve que dar consejos a un hombre de la calle, un anciano y una mujer joven preocupada porque su hermana no quería bautizar a su criatura. Le aconsejé que ella misma bautizara a la criatura. Fingí ser cura para no complicarles la vida, pero jamás salí a la calle vestido de cura. La letanía es una sátira pero también una verídica manera en que mucha gente en los barrios reza, especialmente los batos locos, y los encarcelados. Es una forma de teología de liberación, relacionando la religión con lo más básico de comunicación popular y espiritual. De niño mi Madre siempre dirigía las oraciones, el rosario y las letanías donde amistades y familiares se reunían alrededor de un ataúd en medio de una pequeña sala o recámara. Además he presentado una letanía humorística, pero en inglés con el grupo teatral de Culture Clash, adaptada para el público en San Francisco, Nueva York, San Antonio, Los Angeles y otras ciudades. Publicado en El Grito, Berkeley, CA., 1975; Restless Serpents ,Diseños, Menlo Park, CA, 1976; La Semana de Bellas Artes, México, D.F., Junio 1980.

P. 118

One Bullfighter, was written in Spanish, '74, as a one time aficionado de toros from my two-and-a-half years in

Zaragoza, España and after, the bullfights in Ciudad Juárez, Mexico. It was published in Restless Serpents, 1976 and Notebook B, Advancing Spanish Grammar and Lecture, John Wiley & Sons, 1978.

P. 119

Un Torero, escrito en español, 1974, este poemas y dos pinturas es lo único que me queda de mis días como aficionado de toros después de vivir dos años y medio en España y asistir a corridas de toros en Ciudad Juárez, México. Publicado en Restless Serpents, y en Cuaderno B, Avanzando Grámatica Española y Lectura, 1978.

P. 120

In Commemoration of the U.S.A. Bicentennial, was written bilingually, 1975, at the San Francisco Art Institute, when I should have been drawing. Inspired from public service 30 second spot television commercials announcing, "Two hundred years ago, Thomas Jefferson was writing the Declaration . . ." or "Two hundred years ago, Betsy Ross was making the flag . . ." Two hundred years ago was a different situation for a whole lot of other peoples west of the original 13 colonies. Originally, it was read with Letanía en Caló at the National Chicano Conference, Salt Lake City, Utah, with El Teatro De La Gente of San José. It was published in Restless Serpents, Diseños Menlo Park, Ca., 1976; Caracol, San Antonio, TX, 1976,

En comemoración del bicentenario de E.U.A., escrito en dos idiomas, 1975, en el San Francisco Art Institute cuando debería haber estado dibujando. Inspirado por anuncios de servicio público de 30 segundos por televisión, que decían, "Hace doscientos años, Thomas Jefferson escribía la declaración . . ." o "Hace doscientos años, Betsy Ross hacía la

bandera . . ." Hace doscientos años había otra situación diferente para muchos otros pueblos al oeste de las13 colonias originales. Leída por primera vez con Letanía en Caló, en una Conferencia Nacional de Chicanos, Salt Lake City, Utah, 1975. Publicado en Restless Serpents, 1976, Caracol, Feb.1976.

P. 125

Berta Crocker's Bicentennial Recipe, was written bilingually and in caló in 1975 and acted out on San Francisco television's KQED's Open Studio, 1976, as a cooking program. Other poets who read included Lorna Dee Cervantez and Javier Pacheco. It was published by Caracol, Feb.1976, Vol II, No.6, and Restless Serpents, 1976.

Receta Bicentenaría de Berta Crocker, escrita en dos idiomas y en caló. Actuada en un programa de television, KQED Open Studio, San Francisco, 1976, como un programa de cocina. Entre otros poetas participantes estuvieron Lorna Dee Cervantez , Steve Cervantez, y Javier Pacheco. Publicado por Caracol, Feb. 1976, Vol II, No.6 y Restless Serpents, 1976.

P.126

Gobble, Gobble, was written in English in 1975. This historical anecdote along with other bicentennial poetry was harshly criticized by some as being disrespectful to their (my) country. It was published in Restless Serpents, 1976.

Gaba,Gaba, fue escrito en inglés, 1975. Esta anécdota histórica así como mucha de la poesía bicentenaria fue muy criticada por falta de respeto a nuestro país. Publicado en Restless Serpents, 1976.

P. 128
Soul Spirits, was written in Spanish, 1974, in Washington, D.C. Published in Restless Serpents, 1976.

P. 129
Animas fue escrito en español, 1974, en Washington, D.C. Publicado en Restless Serpents, 1976.

P. 130
It's the Same Guy, was written bilingually in 1974. It's the same story in New York with the Puerto Ricans as it is in the Southwest with Chicanos. Wilfredo and El Huero Felix (Welfare) are the same. It was published in Restless Serpents, 1976.

Es el mismo bato, fue escrito en dos idiomas en 1974. Es el mismo cuento en Nueva York con los puertorriqueños igual que con los chicanos en el suroeste. Wilfredo y El Huero Felix (Welfare - pagos de bienestar para los de bajo ingreso) son los mismos. Publicado en Restless Serpents, 1976.

P. 134
Pachuco, written in Spanish and Caló, in 1974, this poem recalls the pachucos in my hometown of El Chuco, El Paso, Texas. Published in Restless Serpents, 1976.

Pachuco, escrito en español y caló, 1974, este poema recuerda a los pachucos en mi pueblo de El Chuco, El Paso, Texas. Publicado en Restless Serpents, 1976.

P. 138
The Truth, was written in English in 1975 and has some coincidental and unintentional relation with the first poem in this collection, "Cobalt Blue,"1991. It was published in Restless Serpents, 1976.

P. 140

La Verdad, escrito en español, 1974 y por coincidencia tiene relación con el primer poema en esta colección, Azul de Cobalto,1991. Este poema fué publicado en Resltess Serpents, 1976.

5·3·81

Biographical Notes

José Antonio Burciaga, (Ho-seh Aunt-toe-knee-oh Boor-see-agha), gender male, straight, born 1940, in El Chuco, Aztlán, under the Aztec horoscope sign of Izquintli (canine), with a directional orientation of North, associated with the number ten, code number for intuition and reflection. Bird of association is the owl and God of association is Tezcatlipoca, smoked mirror, with no anthropomorphic representation. These associative qualities are essential for the gift of clairvoyance, the ability to perceive objects not apparent to the five senses. Canine is a symbol of generosity, loyalty and a good sign for creative people. Good reasons to buy and read this book.

Besides being a clairvoyant, the author is a multi-disciplinary artist: painter, muralist, journalist essayist, humorist and founding member of Culture Clash. Author of Weedee Peepo, a collection of essays. Such a vast array of talents signifies total confusion as to what the author wanted to be when he grew up.

Presently he is a Fellow Resident at Casa Zapata, Stanford University, and resides with his wife, Cecilia who is Associate Dean of Student Resources. They have two children: Rebeca a blossoming writer and Toño, a promising singer and guitarist.

Notas Biográficas

José Antonio Burciaga, (Ho-sé Ant-to-ní-o Bur-sí-aga), género masculino, recto, nacido en1940, en El Chuco, Aztlán, bajo el signo azteca de Izquintli (perro), con orientación al norte, asociado con el número diez, código para la intuición y la reflexión. Ave asociada es el búho y el Dios asociado es Tezcatlipoca, espejo ahumado sin representación antropomórfica. Norte, diez, búho y espejo ahumado son cualidades esenciales para la clarividencia, la habilidad de percibir objetos no aparentes a los sentidos. Perro es un símbolo de generosidad y lealtad,un buen signo para los creadores. Basta con estas buenas razones para comprar y leer este libro.

Aparte de ser clarividente, el autor es artista multi-disciplinario, pintor, muralista, ensayista, humorista y miembro fundador de Culture Clash. Autor de Weedee Peepo, una colección de ensayos. Esta vasta multitud de talentos significa una gran confusión sobre lo que el autor quería ser cuando creciera, así que jamás lo hizo.

Sin embargo, radica con su señora, Cecilia y sus hijos Toño y Rebeca, en la Universidad de Stanford, California, donde trabaja como Resident Fellow, encargado de Casa Zapata, la residencia de estudiantes chicanos. Cecilia es Decana Asociada de Estudiantes.

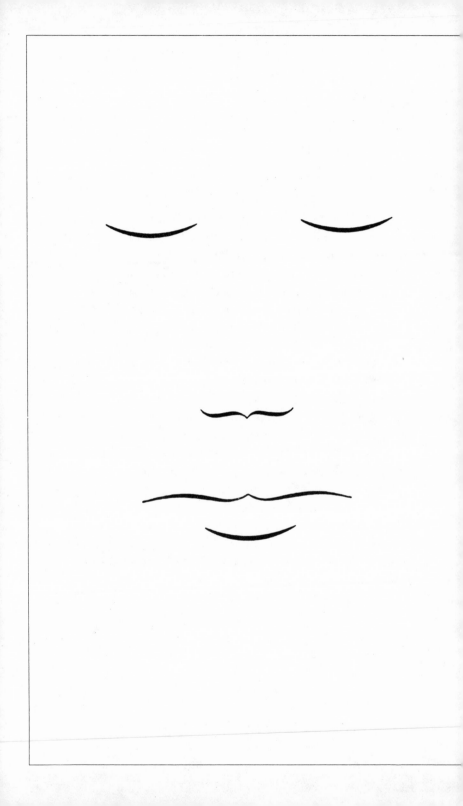